U0142654

清末福州仕紳推動新制教育

角色理論之分析

王立毅 著

五南圖書出版公司 印行

謹以此書紀念　先母　許筱珊
謹以此書感謝　慈父　王有玼

　　回首生涯而有今日，我最想要感謝的是我的先母　許筱珊、慈父　王有玼，由於他們全方位、無條件的支持與鼓勵，更因為有他們的關心與幫忙，才能於庚子年七月順利圓夢，完成生涯學習的目標。壬寅年秋分先母不幸離逝，至今仍令我悲慟不已，每當夜闌人靜，就特別想念我的母親。三更燈火五更雞，可說是我這八年博士學習生活的寫照，母親不辭辛苦地陪伴與照顧，不嫌煩瑣地鼓勵與關懷，才有如此些微的成果。感恩報答父母的恩惠，今謹以此書紀念先母，藉此慰其在天之靈；亦謹以此書感謝慈父培育養顧，以誌不忘。

王立毅　謹誌
癸卯年十一月二十日
於台灣宜蘭

顧　序

　　王立毅君之博士論文《清末福州仕紳推動新制教育──角色理論之分析》，是近年來中國政治制度史領域中國內罕見之佳作。王君研究清末福州三大仕紳──嚴復、林紓與陳寶琛推動當地新制教育，所扮演的政治、文化與管理角色。所謂政治角色，意指三位仕紳欲透過推動新制教育，以提升民眾，尤其是孩童的強國強種愛國情操，以及培養未來中國現代化的各種專業人才。文化角色則著重，以譯介西方社會科學著作和言情小說，作爲瞭解西方社會與西學的媒介。管理角色強調，新制學堂的興辦，從發想、募款、校舍興建，到課程設計及師資延聘是一連串的複雜事務，需要一套校務管理理論與實務以爲憑藉。三位仕紳認爲，正好運用在福州興學的機會，提升當時中國的管理水平。

　　政治、文化與管理角色是三位仕紳在興辦新制教育時，所懷抱之動機，這是橫向的劃分；除此之外，王君亦對每種角色採行垂直面向的探討。在縱切面的劃分上，分爲：角色認知與角色期望、角色執行與角色功能三者。角色認知與角色期望指涉意念的發想，其中角色認知爲仕紳們主觀認爲他們要藉由興辦新制教育扮演何種角色；而角色期望爲當時民眾或官方認爲仕紳應該扮演什麼角色；當然，兩者可能想法一致，但亦可能衝突矛盾。角色執行分析三位仕紳如何將心中理念更進一步地付諸實施與完成。角色功能則爲角色執行後，對社會所產生之影響。如此橫三豎三，共形成九個象限。這九個象限可全方位

掌握福州三大仕紳在推動新制教育上所扮演的角色、所給予的執行力度與對當時和後世之影響。整部論文可說是體系博大完整，而且思緒極為精深，為一不可多得之力著。

本人忝為其碩士論文與博士論文之指導教授，對於王立毅君選擇以此主題為博論題目，尤感佩服。以下是本人認為王君博士論文具有之特色：

一者，以往台灣或大陸研究中國政治制度史的學者，多半是從靜態的視角剖析制度本身，然後頂多加上時間序列的變遷敘述；至於變遷的原因與制度實施結果的動態探討，則付之闕如。上個世紀60年代行為主義（behavioralism）的興起，即有鑑於制度的規定往往與實際之表現有偌大差異，因之，從制度論制度，充其量僅能獲致表面事實，而非真實之事實。王君論文一改靜態研究途徑的缺失，直接從動態的仕紳行為探討其對福州新制教育推動的意義與影響。這是王君論文在研究途徑上與其他中國政治制度史領域論文的最大優勝之處。

二者，中國近代史史料浩如煙海，從正史、會典、則例、實錄，到起居注、硃批奏摺，乃至於奏議、文牘、筆記小說等，數不勝數；加諸文獻中句讀的欠缺，形成閱讀障礙，使得年輕學子視為畏途，而王君卻以此為試煉，勇往直前，終於完成大作。

三者，無庸諱言，由於人才的凋零，中國政治制度史的探討，已呈現青黃不接的困境，研究者較之其他學術領域，在研究時更顯孤獨，經常必須忍受非常之寂寞，這需要高度的忍受力與毅力。王君咬緊牙根、孜孜不倦，終將孤寂化為繁花，在風中綻放。

　　四者，近年來，台灣本土化意識增長，研究與中國相關之主題，頗爲敏感，甚至成爲禁忌；王君卻能無視旁人異樣眼光，毅然決然，完成博論，此種勇氣與執著，值得高度肯定。

　　基於以上之特色，本人強烈建議王立毅君將其博士論文出版，以饗學術界之期待。

國立台北大學公共行政暨政策學系兼任教授　顧慕晴

民國一一二年十二月七日

目 次

第一章
緒論

　　鴉片戰爭以降，清廷遭逢三千年以來之大變局，[1]列強入侵，國勢衰微，乃推動一連串改革運動，以爲因應。這些改革運動從強調船堅炮利、器物層次的自強運動，到政治經濟制度革新的戊戌變法、君主立憲等均屬之。惟當時有識之士皆以爲各項改革運動欲成功，必須建立在更基層的教育革新之上，否則不克爲功。然教育革新既須有別傳統教育的政策導引，又需龐大經費與人才的支撐。當時清廷外受列強割地賠款所困，內又受捻亂、回變及太平天國戰亂所限，國家財政已到山窮水盡之地步，實無多餘資源挹注全國各地的新制教育改革。此時，各地仕紳或基於愛國愛鄉情操、或基於文化傳承之使命，承擔推動新制教育改革的重責大任。本文以清末福州地區仕紳嚴復、林紓與陳寶琛等提倡西學、興辦新制學堂的過程中，所扮演的政治、文化與管理角色，進行研究。

第一節　研究動機

　　清廷經過清初康雍乾三代帝王勵精圖治，經濟實力提升，加之有

1　同治十一年（1872年）五月，李鴻章在復議製造輪船未可裁撤摺中即表達出此一觀點：「臣竊惟歐洲諸國，百十年來，由印度而南洋，由南洋而中國，闖入邊界腹地，凡前史所未載，亙古所未通，無不款關而求互市。我皇上如天之度，概與立約通商，以牢籠之，合地球東西南朔九萬里之遙，胥聚於中國，此三千餘年一大變局也。西人專恃其槍炮輪船之精利，故能橫行於中土，中國向用之器械，不敵彼等，是以受制於西人。居今日而曰攘夷，曰驅逐出境，固虛妄之論，即欲保和局守疆土，亦非無具而能保守之也。」見梁啓超（2013），《李鴻章傳》，湖北：武漢出版社，頁249-250。

效率的中央集權統治、獎勵墾荒、興修水利、賦役改革等措施，促進了農工商業蓬勃的發展。在清代盛世期間，國力達到鼎盛，人民生活富足，百業興盛。因此，中國是以「天朝自居」的世界觀審視這個世界。此時，中國人充滿高恃的民族優越感。

惟此種民族優越感從道光二十年至二十二年（1840-1842）的鴉片戰爭開始，因面對西方列強碾壓而嚴重斲傷。鴉片戰爭導致中英南京條約的簽訂，也開啓了爾後一連串的不平等條約。從道光二十二年（1842）中英南京條約開始，中經道光二十三年（1843）中英虎門條約，同年中英五口通商章程、道光二十四年（1844）中美望廈條約、道光二十四年（1844）中法黃埔條約，再經咸豐八年（1858）中俄璦琿條約、中英法天津條約，咸豐十年（1860）中俄北京條約，咸豐十年（1860）中英法北京條約，又經同治三年（1864）中俄勘分西北界約，至光緒二十一年（1895）中日馬關條約，光緒二十七年（1901）辛丑條約爲止，致使中國喪失片面最惠國待遇、協定關稅、領事裁判權，並割讓大片土地。其中，割讓西北部與東北地方給俄國近一百五十萬平方公里領土最多，次爲割讓九龍半島予英國，割讓台灣澎湖予日本。在與列強的數次戰爭以及不平等條約的簽訂下，導致清廷國勢衰微，風雨飄搖，危在旦夕。有識之士，無論是清廷官員、仕紳或百姓均想有所改革，對革新也都有所宏遠規劃。當時清廷推動一連串的革新運動，先有軍事與器物層次的自強運動，後有富足經濟爲導向的實業革命即爲顯例。

當時中央大臣如曾國藩、李鴻章、左宗棠以及執掌大權之恭親王

等人，加上提出「師夷長技以制夷」思想之魏源等學者，皆主張學習西方列強之先進工業技術和現代商業管理技術；並通過官方力量開辦或以官督商辦、官商合辦等方式推動，促使當時中國「富國強兵」。這些運動即我們所稱之自強運動或是同治中興。

自強運動是清末首次全國性「富國強兵」運動，中央支持地方推展，引進了大量西方科技及各類西方著作文獻；更公費派遣一批童生至西方國家留學，學習西方現代工業技術與先進工商業管理，以協助中國走上「富國強兵」。但自強運動所累積的些微成果卻在中日甲午戰爭中徹底失敗。甲午戰爭中，北洋水師全軍覆沒，清廷並簽訂中日馬關條約割讓台灣及澎湖列島，賠款二億三千萬兩白銀。清廷敗給比中國晚西化之日本，證明自強運動的失敗，沉重打擊當時中國百姓信心。

光緒二十一年（1895）四月康有為和梁啟超提出「皇帝的萬言書」，強烈主張拒和、遷都、練兵、變法的主張，得到一千多人連署。五月二日康有為、梁啟超及十八省舉人及數千名北京官民，於都察院門前要求代奏光緒帝，此稱為「公車上書」。此次「公車上書」帶動國民問政風氣，其中康有為和梁啟超籌組強學會最受人矚目，且受到翁同龢和張之洞等官員的支持。光緒二十四年（1898）六月，光緒皇帝頒布「明定國是詔」，宣布變法，新政從此日開始，至九月慈禧太后發動政變結束為止，共計一○三天，史稱「百日維新」，又稱「戊戌變法」。光緒皇帝頒布了一系列變法詔書和諭令進行改革。改

革內容可歸納如經濟政治與教育文化兩個層面：[2]

一、**經濟政治層面**：設立農工商局、路礦總局，提倡開辦實業，修築
　　鐵路，開採礦藏，改革國家財政。允許人民上書建言，修訂不適
　　宜律例，裁撤冗員，澄清吏治，編練新式陸軍，擴建新式海軍。

二、**教育文化層面**：廢除八股科舉，興辦西學，設立新制中小學堂，
　　創辦京師大學堂（今北京大學），設譯書局翻譯外國書籍，允民
　　間設立報館發行報紙，公派留學生至西方國家，獎勵科學著作和
　　發明。

　　戊戌變法目的在於從「根本」學習西方，不論是在文化、科學、
技術及管理制度，全面革新，並朝向君主立憲政體制行之。戊戌變法
是為促使國家富國強兵，但新政改革也阻擋了傳統保守者之利益。宣
布變法的第五天，慈禧太后迫使光緒連下三道諭旨，控制了人事任免
和京津地區的軍政大權，隨後發動政變推翻戊戌變法。光緒皇帝被囚
禁，並在北京菜市將譚嗣同、楊銳、劉光第、林旭、楊深秀、康廣仁
六人殺害；徐致靖處以永久監禁。所有「百日維新」革新措施，除京
師大學堂外，全部都被廢止，一〇三日「戊戌變法」宣告終止。

　　清光緒三十一年（1905）日俄戰爭，日本戰勝俄國，在經歷八國
聯軍蹂躪過的中國知識界認為，小小日本之所以會戰勝龐大帝俄，是
因為日本實施君主立憲政體所致。此種觀點沒有多久在中國傳遍，並
獲得眾人支持。日本於明治十五年（1882），曾派以言倉具視為正使

2　徐中約（2002），《中國近代史上冊》，香港：中文大學出版社，頁374。

之使節團赴歐洲考察憲政；而清政府亦依樣畫葫蘆，於光緒三十一年（1905）派載澤、端方等五大臣出使西方民主立憲國家考察。次年，五大臣先後回國，上書指出立憲有三大利：「一曰皇位永固，二曰外患漸輕，三曰內亂可弭」，[3]建議政府進行「立憲」。光緒三十二年（1906），清廷頒布「宣示預備立憲諭」，此為「預備立憲」之源。

宣統三年（1911），清政府廢除軍機處，發布內閣官制與任命總理、諸大臣。成員名單中過半數為皇族與滿人，故被稱為「皇族內閣」。立憲派及民眾輿論對此甚為失望與不滿，認為清政府根本無推行憲政體制建構之誠意，並因而導致知識界與民眾輿論倒向支持國父孫中山之革命運動，終於武昌革命成功，建立中華民國共和體。西元1912年二月，滿清最後一代皇帝溥儀退位，滿清政權結束，立憲運動最終失敗。

由於前述各項改革的失敗，當時有識之士認為唯有從根本，亦即從教育改革做起。清末福州三大仕紳之一，林紓即認為必須改革傳統教育弊端，廢除只重科舉、只讀陳腐八股古文之教育；必須引進西學，改行新制教育，學習西方技術，學習西方科學精神，提振中國人團結心與愛國心，方能促使中國變法成功，完成中國「富國強兵」的目標。[4]

3　高全喜（2012），《立憲時刻：論清帝遜位詔書》，台北：秀威出版社，頁56。

4　蘇建新（2013），〈林紓在閩中的教育實踐及其擴展〉，《江西科技師範大學學報》，2013年第一期，頁96。

　　光緒三十年（1904）一月，張之洞、榮慶、張百熙等趁重新修訂學堂章程的時機，聯名上奏，要求遞減科舉和廣建新制學堂。光緒三十一年（1905）九月二日清廷政府接受袁世凱等人的奏請，正式下令停止科舉。光緒三十年（1904）頒布的「奏定學堂章程」，即「癸卯學制」，提出了普及教育為目的的新教育觀，制訂了從蒙養院、初等小學、高等小學、中學堂、高等學堂、大學堂等新制教育。清廷積極推動新制教育，獲得了初步的成果。在短短數年內獲得了迅速的成長。以當時清朝學部總務司編定的教育統計表（表1-1），可讓我們知道當時新制學堂蓬勃發展的「盛況」。

表1-1　清末學部總務司編定的教育統計表

時間	學堂數	在校學生數	畢業學生數	教師數
1902		6,912		
1903	769	31,428		
1904	4,476	69,475	2,167	
1905	8,277	258,873	2,303	
1906	23,862	545,338	8,064	
1907	37,888	1,024,988	19,508	63,556
1908	47,995	1,300,739	14,846	73,703
1909	59,117	1,639,641	23,361	90,095
1910	42,696	1,284,965		
1911	52,500	1,600,000（約）		

資料來源：傅懷鋒，〈試析清末民眾的政治參與──基於清末江浙諮議局議員選舉的個案研究〉，《二十一世紀雙月刊》網路版第二十三期，浙江大學中國近現代研究所，http://www.cuhk.edu.hk/ics/21c，2004年2月28日。

　　清末以鴉片戰爭爲始之西方列強侵犯所帶來之鉅額賠款與門戶洞開，加之太平天國、捻亂與回變之內亂，使得中國清末國家的財政，可以用「山窮水盡」來形容。清廷推動新制教育，在在需要各種資源，從經費到師資、設備，都非常欠缺，然而政府卻阮囊羞澀，財政拮据。所以，各地新制學堂經費籌集極爲困難，幸賴地方仕紳的大力協助，吾人可說清末新制教育，至少在某一程度上，是在仕紳努力籌辦之下，逐漸走向制度化。清末地方仕紳承擔了整個新制教育的政策規劃、資金籌措、校舍興建、師資引介和課程規劃，致使清末新制教育粗具規模。

　　本文之所以選擇福州地區，作爲探討的對象，乃遠在明末時，福州地區商業經濟發展即已具規模。清朝時當地農業經濟作物交易興盛，農業商品交易產業發達。中英鴉片戰爭後，福州地區農業商品化及傳統工商業更加發達，而後「中英五口通商條約」簽訂；在外國商貿進駐下，傳統工商業不敵西方貿易商漸趨沒落，爲此閩浙總督卞寶第召集福州官員、仕紳、商民代表於光緒十四年（1888）聯合出資成立織布局，「招集織徒，市購織具，量給伙食，限以三月學成，領機婦織」。到十九世紀末，福州地區已發展成「大機坊備有布機三十部，小機坊亦備有數部，都是雇用工人織布，工資，男工一日織三匹者，每匹七十五文，女工一日織二匹者，每匹六十文」。[5]其時，福

---

[5]　林慶元（2001），《福建近代經濟史》，福建：福建教育出版社，頁97-98。

州及周圍地區手工織布機坊已發展到五百多家，[6]促成福州紡織新型產業鏈形成及發展，而相關新制產業培育機構與新制學堂隨其發展。

福州地區自古以來孕育出許多著名人士，而在清末時更培養出許多傑出學者仕紳，其中林紓、嚴復與陳寶琛三位，不僅享譽當地，更是聞名於全國。他們積極作爲，胸懷強烈的救國救民使命感；將西方社會科學思想與著名言情小說、劇本，翻譯成中文，引介至中國；並努力籌辦新制學堂，使福州各地新制教育逐漸制度化，也使清末新制教育規模在福州地區短短幾年內迅速獲得些許成果。因此，本文選擇福州地區仕紳作爲研究對象。

本文採用「角色理論」作爲分析架構，乃因吾人在探討清末福州地區這三位仕紳之所以戮力推動新制教育，其背後具有強烈之多元動機，在多元動機下，自然形成多元的角色。其一爲政治動機，所謂政治動機即是欲以新制教育有助於政治系統的穩定，其包括：

第一，期望以新制教育作爲提升強國強種愛國情操的媒介。當時有識之士無論是官員或是民間地方仕紳都有一項體認，即是要從教育改革做起，強化人民強國強種的愛國情操，國家才能振衰起弊。這就是希望以新制教育作爲穩定政治系統的心理基礎。

第二，清末仕紳欲藉新制教育的推動，培養社會現代化的各種專業人才，使得未來的現代化之路，能夠順遂。此即以新制教育作爲提升政治系統發展能力的社會基礎。

6　林慶元（2001），《福建近代經濟史》，福建：福建教育出版社，頁97-98。

　　清末福州仕紳推動新制教育時，除了政治動機外，也具有強烈文化動機與角色。就嚴復、林紓而言，他們譯介大量西方著名的社會科學著作和言情小說，對於當時相對傳統的中國社會，在瞭解西方社會與西學上，產生重大助益；也對當時的文壇與後續的翻譯文學有重大影響。

　　在推動新制教育上，清末地方仕紳當然也扮演著管理角色。因為興辦新制學堂事務繁雜，從籌辦伊始、募款、校舍興建，到課程設計及師資徵募是一連串管理事務。如何使之井然有序，逐步到位，這是辦校必須經歷的過程。總之，本文是以清末福州仕紳在推動新制教育的政治、文化與管理角色作為分析重點。

　　本文所言之「清末」，概指從中英鴉片戰爭開始（1842）至宣統退位（1911）止，約計七十年。

第二節　研究目的與研究問題

壹、研究目的

　　本文研究目的如下：

一、剖析林紓、嚴復與陳寶琛三位清末仕紳的生平，掌握其爾後致力推動新制教育的契機。

二、探究林紓、嚴復與陳寶琛三位清末仕紳興辦新制教育之政治角色，即在於以興辦新制教育穩定當時清廷的政治系統。

三、分析林紓、嚴復與陳寶琛三位清末仕紳興辦新制教育之文化角色，即在於以興辦新制教育提升當時社會的知識與文學水平。

四、探討林紓、嚴復與陳寶琛三位清末仕紳興辦新制教育之管理角色。

因之，本文之研究目的，即是探討清末福州仕紳在推動新制教育上，所扮演的政治角色、文化角色與管理角色。

貳、研究問題

基於以上研究目的，再加入研究架構的思考，本文之研究問題如下：

一、清末福州仕紳推動新制教育的政治角色。政治角色是指有助於支持政治系統穩定與發展的作用。本文在政治角色上欲討論：

（一）仕紳以推動新制教育，提倡強國強種愛國情操，振興政治系統的心理基礎。

（二）盡仕紳社會責任，推動新制教育，培養社會現代化所需之專業知識與人才，以穩定政治系統的社會基礎。

二、探討清末福州地區仕紳推動新制教育的文化角色。在文化角色上，擬論述：

（一）嚴復與林紓所譯介西方經典著作與著名小說的內容與特色。

（二）嚴復與林紓的譯作，對當時與爾後文學的意義與影響。

三、分析清末福州地區仕紳推動新制教育的管理角色。管理角色擬研

究：學制改革、款項籌募、師資甄聘與培育、課程設計等一連串校務管理事務。

第三節　概念界定

壹、仕紳

本文所指涉之仕紳，包含三種人士：一爲退職、離職而鄉居之官員；二爲具有科舉功名未出仕之讀書人；三爲透過捐納途徑獲取功名者。

一、爲退職、離職而鄉居之官員

傳統中國社會中，官與民地位懸殊，且任官者必先有功名，因之，當其丁憂、致仕等因素離開官衙，歸返鄉里時，也必然保留其特殊之身分，成爲仕紳集團的中堅分子。

二、爲具有科舉功名未出仕之讀書人

清代各種功名，按其來源的不同，可分爲「正途」與「異途」兩大類。正途是指那些通過政府各級科舉考試的仕紳。以正途方式取得仕紳地位，是最具權威性與民眾的認同性。任何貧苦寒士，一經科舉，獲得功名，就有了護身符，成爲高於民眾的特權分子。正途考試的最低一級爲「童試」，通過者獲得「生員」的學品，亦稱「秀才」。其雖爲最低一級學品，但仍須經過一系列考試。

三、爲透過捐納途徑獲取功名者

清朝自太平天國之亂後，清廷爲彌補財政上因內憂外患所帶來的鉅額赤字，大開捐例，由此途而晉身仕紳者大有人在。如捐「監生」（即國子監的學生）即是一例。事實上，大多數的監生並不進京讀書，但是，監生的取得，使他們仕紳地位與特權獲得承認，並爲進一步的加官晉銜提供一個開端。[7]

貳、新制教育

本文新制教育乃針對舊制教育而言。在傳統中國，學堂設立最主要之目的就是傳授「科舉」知識，以助學生獲取功名。而老師亦多以科舉爲教學目標，傳統府州縣學所傳授知識，就以明、清爲例，以「四書」、「五經」爲主要的範圍。

在甲午戰敗之際，中國社會改革之聲四起，知識分子更是積極地學習西學。晚清社會學習西學的風氣漸盛，傳教士所建立的接觸管道之外，清代各地仕紳基於愛國愛鄉情懷，期盼引進西方新制教育。

本文之新制教育的內容做廣義的解釋，是以西學爲基礎，除了指涉新制學堂興辦外，亦包括西方文化著作與小說的譯介。嚴復、林紓即認爲爲了振興中國，在教育上，除了創建新制學堂之外，尚著力於西方思想觀念的引進。

7　張仲禮（1991），《中國紳士──關於其在十九世紀中國社會中作用的研究》，上海：上海社會科學院出版社，頁167-205。

清末新制學堂多仿外國學制。學堂課程可以歸納兩類：一是「西政」，以英文、法文、史地、數學等為主，就是以西方的語言文字、法制規章為主；而另一類「西藝」，則以繪、礦、醫、聲、光、化、電為主，例如：製圖、測量、製造等之內容。

第四節　研究架構

本文之研究架構，擬在於分析清末福州仕紳於推動新制教育時，所扮演之政治、文化與管理角色。所謂政治角色乃有助於中國此一政治系統的穩定，其中包括強國強種之心理基礎的建構，亦包括培育專業知識與人才之社會基礎的建立。文化角色探討對於西方思想小說譯介與特色。管理角色指涉興辦新制學堂的一連串管理事務，包括學制改革、經費籌措、師資培育、課程規劃等。本文最後將分析清末福州三位仕紳於推動新制教育之政治、文化與管理角色，對爾後中國愛國情操、現代化進程、文學發展與學校興辦上的意義與影響。此文研究架構簡圖，如圖1-1：

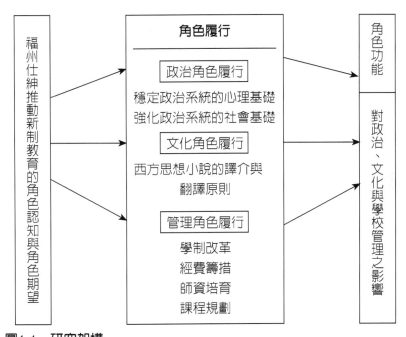

圖1-1 研究架構

資料來源：作者自繪。

第五節 研究方法

社會科學的研究不同於自然科學，沒有通則與標準答案，注重的是對現實狀況的描述與詮釋，所有的觀察與研究，都必須由整體的觀點來討論，不能加以單純地機械化分割；而質化的研究，恰符合這樣的要求。當今的社會科學是量化研究主導，但近年來量化研究出現了一些流弊。這些流弊一方面是由於量化研究仍殘存著一些自然科學實

驗模式的類比在作祟，另一方面則是量化研究已成為一個龐大的「機器」，許多公認的程式和假定說穿了只是在維持這個機器的運轉而已。[8]質性研究是指任何非經由統計或其他量化手續而產生研究結果的方法（Strauss & Corbin, 1997）。質性研究的目的在於理解，而不在找出普遍性法則。本文欲瞭解在當時中國仕紳，如何借用本身在社會階層之「引導」作用，借用興辦學校引進西方先進知識進而推動政治社會之改革探究分析。因此，本文並不追求普遍性法則。而本文以教育引進改革理論之理論、經驗與觀點為基礎，試圖瞭解清代仕紳在興辦教育引進西方先進知識，進而推動社會政治之改革演進的影響，十分符合質性研究把研究物件視為研究的客體，重視對於被研究者之同理的精神。另外，本文企圖以文獻資料考證質性研究的方式，蒐集相關文獻資料，更希望藉以瞭解推動社會政治之改革演進的影響。

　　而就本文欲採「質性研究」方法，屬於考證性的研究，與做質性分析研究，針對清代仕紳在興辦教育引進西方先進知識進而推動社會政治之改革演進的影響，因此在本文上將採文獻史料考證質性研究方法，深入蒐集相關文獻資料與探索分析，盼對於研究主題應能有更深一層的瞭解與認識，而做相關之研究分析。依據本文之目的，本文將採取考證研究，包含下列的研究方法：

8　胡幼慧主編（1996），〈轉型中的質性研究〉，《質性研究：理論、方法及本土女性研究實例》，台北：巨流圖書公司，頁7-26。

壹、文獻分析法

文獻分析法是指蒐集相關研究，分析其結果與建議，再以此應用於所做的研究。因此，本文將針對現今國內外針對中國清代仕紳研究文獻中，從中獲取深入且豐富的資料來做分析，對於當時仕紳利用學校之興辦與先進西方知識之引進，進而推動中國清代社會之革新探討相關理論、實踐策略與所帶來的啟發等，蒐集國內、外相關期刊文獻，以及政府檔案、出版品和資料，並進一步整理、分析、歸納，提出理論架構，並可能建構出的最佳結論與分析。

貳、歷史研究法

Polit & Hungler（1983）認為，所謂歷史研究法是指對與過去有關的資料，加以系統的蒐集與分析的一種研究方法。我們可以說，其歷史研究法是針對已發生之事件，藉現存資料加以系統分析的一種研究設計，其結果可使我們根據對過去之充分瞭解，以預測未來的方向。而在歷史研究法的研究過程，是先選擇研究問題並擬定題目，而第二步驟則是文獻考察與整理及理論架構與假設，而後再根據其假設，選出相關之樣本議題之文獻資料進行資料之整理與分析，而做出分析結果、結論與報告。[9]

而就歷史研究法之優點是，省錢、快速；但其缺點則是，因為實

---

[9] 劉雪娥（1996），〈研究導論〉，《事後回溯研究法》，台北：華杏出版社，頁169-178。

行現存的資料是此研究設計的優點之一，但也是構成最大的缺點。無法控制現有的相關資料，僅能就現有之資料加以分析推論，所採用的資料便顯不完整。而就歷史研究法所要達到的目的，可分為以下三種：

一、**重建過去**：歷史研究法從現代出發去研究人類的過去，可以重現歷史的原貌，而其目的則是瞭解過去歷史的發展，如教育制度史、圖書館史等，將研究所得作為當代人的借鑑。

二、**瞭解現狀**：在早期的歷史研究中，研究比較偏重於發現和敘述過去所發生的史實。但是，在近代的歷史研究中，研究目的強調解釋現在；易言之，就是根據過去事件的研究，提供瞭解當今的制度、措施和問題的歷史背景，達到以古鑑今的功能，並學習如何解決問題。

三、**預測未來**：歷史研究的目的是在研究過去所發生的事件，從錯綜複雜的歷史事件中，發現一些事件間的因果關係以及發展的規律，以便作為瞭解現在和預測將來的基礎。由於有歷史的研究，人類可以吸取過去許多成功與失敗的經驗，避免重蹈覆轍，而對現在與將來做更明智的決策。因此可知，歷史研究實具有鑑往知來的功能。

第六節　研究步驟與限制

壹、研究步驟

本文主要目的，是要瞭解在基督教傳教士將西方先進自然與社會科學理論觀念東進時，清代仕紳階級如何運用建立學校與社會引導功能將西方先進知識引進傳統保守中國社會，更進而促成中國社會政經之改革。針對這些進行文獻資料之考證，並希望瞭解仕紳階級在中國清末社會改革過程中，就引進西方先進知識與教育知識革新方面，所扮演角色有更深一層認識。

依照研究方法的選擇，本文進行的步驟如圖1-2：

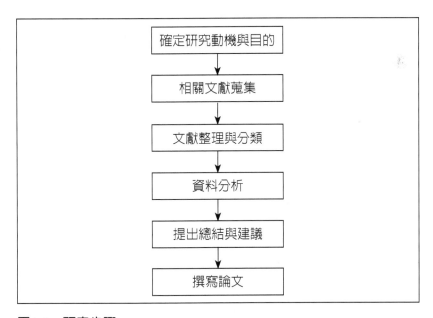

圖1-2　研究步驟

資料來源：作者自繪。

　　本章總結整編研究報告，包括研究發現以及對實務改進與後續研究的建議。

貳、研究限制

　　本文研究限制，主要有下列幾點：

限制之一：有關清末福州仕紳推動新制教育之研究，所涉之資料，歷
　　　　　經近代中國大陸多次戰亂，部分遭到損毀，相關文獻資料
　　　　　殘缺不全或遺失，難以全面性、深入性分析。

限制之二：為突破此限制，或可做福州地方耆老訪談調查，但耆老多
　　　　　已逝。

限制之三：有關近代史資料浩如煙海，散見於各種方志、筆記小說、
　　　　　地方報紙、地方志等等不一而足，蒐羅不易，作者無法廣
　　　　　博地、深入地加以蒐集，尚待後世學者更進一步發掘。

第二章
文獻回顧與理論基礎

　　本文以角色理論探討清末外受西方列強侵略以至於國弱財窮，富國強兵是當時中國人民希望，更是當時中國知識分子努力目標。所以，引進西學推展新制教育，企圖革新並富有中國。

第一節　文獻回顧

　　以往有關清末仕紳研究文獻並不多見。從國家圖書館館藏目錄查詢系統搜尋，計得二十四筆資料，包括以都市計畫角度撰寫者十四筆，以社會學角度撰寫者六筆，以觀光學角度撰寫者三筆，以行政管理學角度撰寫者一筆。可見歷年來國內研究仕紳之學者並不多見，即使有所論述亦多偏向於都市計畫或社會學的角度，從政治行政觀點分析者極為少見，而從中國近代史面向探討仕紳地位與功能者更屬罕見。國內研究仕紳之學者雖少，惟在國際上與中國大陸仍有少數學者致力於此領域的研究。例如，美國漢學家費正清（John K. Fairbank）曾謂中國乃「仕紳之國」，[1]此一群體深深地影響著中國之命運。仕紳群體對中國傳統社會之重要性不容否認。鴉片戰爭後，傳統中國因列強的侵入而門戶洞開，形成劇烈變動的「千古變局」。對於此一變局的研究，一般焦點多著重於船堅砲利器物層次，或是以高層政治人物思想、心態與決策型態為分析重點。當時轉型期間最被人們所忽

---

[1]　張仲禮（1991），《中國紳士 —— 關於其在十九世紀中國社會中作用的研究》，上海：上海社會科學院出版社，頁61。

略，也受到後世學者與人們所漠視的社會集團「仕紳階層」，在當時
地位卻是最為重要，影響也最為深遠。

　　基於此一認知，從二十世紀三、四十年代開始，許多中外的歷
史學家、社會科學家，把仕紳當成中國近代史研究中的一個重要課
題。1950、60年代美國華裔學者張仲禮、何炳棣出版了多本有關中
國仕紳的書籍。張氏有《中國紳士——關於其在十九世紀中國社會
中作用的研究》（Chang, Chung –li, *The Chinese Gentry: Studies on
Their Role in Nineteenth Century Chinese Society*, Seattle: University of
Washington Press, 1955）、《中國仕紳的收入——中國仕紳續篇》
（Chang, Chung –li, *The Income of the Chinese Gentry: A Sequel to The
Chinese Gentry: Studies on Their Role in Nineteenth Century Chinese
Society*, Seattle: University of Washington Press, 1962）兩本著作。其主
要研究19世紀中國仕紳的組成、社會地位、特權、作用及其經濟地位
與收入的相關問題。何氏有《帝制中國成功之階梯：社會流動的觀
點，1368-1911》（Ho, Ping-ti, *The Ladder of Success in Imperial China:
Aspects of Social Mobility, 1368-1911*, New York: Columbia University
Press, 1962）一書，剖析清代仕紳的來源、晉升途徑及影響社會流動
的因素等。在過去半個世紀以來，對於清代中國仕紳之分析，研究的
焦點多半著重於清末社會從傳統轉型為現代的過程中，仕紳所扮演的
角色以及仕紳階層本身所產生的變化。

　　然而，上述的數本書籍多半偏重於社會學、經濟學的分析，而少
有從政治、行政角度出發，檢視清末仕紳在此時期的政治、行政上所

扮演的角色，產生何種的功能？這是以往相關研究所不足之處，也是本文企圖有所著墨者。

有關十九世紀中國仕紳之構成方面，在張仲禮所著作之《中國紳士——關於其在十九世紀中國社會中作用的研究》一書明白指出，仕紳地位之取得主要是靠取得功名、學品、學術與官職來獲得；雖然功名也可以捐納獲得，但不可諱言，取得功名者在當時社會是有一定教育水準或是有受過若干教育者。這一本書，張仲禮論述重點有四：其一，考察中國仕紳的構成與特徵；其二，對中國仕紳人數進行相關分析；其三，研究十九世紀中國仕紳之科舉生涯；其四，對於當時中國仕紳傳記數量分析之研究。尤其是第四項之研究，補充之前所沒有之仕紳成員經濟狀況的研究。

也有些學者研究仕紳階層的流動，正如周榮德在《中國社會的階層與流動——一個社區中仕紳身份之研究》所得之結論，清朝社會也像歐美國家一樣有其流動上升，而在中國傳統社會中靠流動上升菁英人物皆是來自農民；有些則是低階仕紳上升。而原是農民階層上升而來之仕紳則必須改變原有生活方式，雖然不可否認，上階層之後代可以依靠父母庇佑依循某一個傳統模式生存，但不可諱言，他們必須靠自己。這就是中國社會階層特性，雖然仕紳在社會高高在上，但卻可以讓低階層人民靠自己努力上升；換言之，在中國傳統社會是流動，不是一成不變。其他如根岸什、奧崎裕司等學者都著有關於仕紳且都以其研究出書，但他們的研究偏重於仕紳在政治、經濟方面的角色、特權、功能、階層結構、階層流動等方向之研究。

　　也有些學者是以文化權的角度，論述仕紳所扮演之角色。在徐茂明所著《江南仕紳與江南社會（1368-1911年）》探討江南仕紳群體，在國家與民眾之間的中介社會角色。他對於「文化權」詮釋是從廣義文化觀點，他認為江南仕紳的文化權力，不僅包含著傳統士大夫對中國「道統」的維護和爭奪，當然亦涵蓋中國皇權政體賦予士大夫他們在政治及經濟所獨享階級特權，也依此而來仕紳階級對中國社會傳統文化及當時政經秩序的解釋權和維護權，這就是所謂文化權力。[2]

第二節　理論基礎

　　在理論基礎方面，本文將探討紳治主義與角色理論，這兩者是構成論文的最重要基礎。

壹、紳治主義

　　清末許多仕紳認為，國家圖富強之根本在於新制教育的興辦。在中國傳統社會中，「仕紳」一直是位居引導且有「改變」社會發展方向之階層。亦即，歷代中國官吏除以官吏本身身分從事政治統治之外，在其退職之後，雖沒有官職之權力，卻可以就其個人在社會地位

2　徐茂明（2004），《江南仕紳與江南社會（1368-1911年）》，北京：商務印書館，頁5。

與聲望，為其政府政令推動與協助。[3]

　　我國行政制度史學者張金鑑曾表示，中國歷代行政制度與運作的特色之一，即「紳治主義」。[4]探究張氏所言「紳治主義」的意義，一方面指涉，我國歷代的官職，尤其高等官職，多出身仕紳階層，亦即為仕紳階層所壟斷。如「漢代行鄉舉里選，其被徵召或郡察者率皆為各地具有特殊社會地位之強宗豪族或巨紳。太守為一方長官自必阿附當地富裕之豪強，以門勢為尚，財富為歸，則所選拔者自必為富強之紳董所獨占矣。魏晉中古之世，行九品官人之法，致門閥士族壟斷仕途，寒素之仕莫由上達，遂形成『上品無寒門，下品無士族』」[5]之局面。由此足知當時被衡鑑入選之官吏，均為在社會上具有特殊地位與聲望之巨紳與土豪。第二是仕紳在中國傳統社會在一般中國人民心中具有特別崇高地位，而在民間更有崇高之地位與領導力量；也由於中國仕紳在社會具有領導之地位，又由於退職官吏均為各地巨紳，於政令推行能為有效之左右，在清末地方變革與政治改革，新制教育設立與經營地方仕紳參與具有最大影響力。「仕紳」一直在中國傳統

3　張金鑑（1981），《中國吏治制度史概要》，台北：三民書局，頁14-15。

4　張金鑑（1981），《中國吏治制度史概要》，台北：三民書局，頁14-15。

5　曹丕制訂的「九品中正制」到了晉朝，已發生相當大的變化。主要是由於中正官職多為世族門閥出身的官僚所把持，這一制度變成為他們培植門閥私家勢力的重要工具。這樣，九品中正制已不再是真正選拔人才的途徑。因此，晉初劉毅在請罷中正除九品疏說：「上品無寒門，下品無士族」的情況，這一情況的出現，加速了士族制度的形成，也是西晉政治迅速走向黑暗的一個重要原因。資料來源：知乎，〈上品無寒門 下品無世族 什麼意思〉，https://www.zhihu.com/question/24812666，2020年6月15日閱覽。

社會階層居為引導，且有「改變」社會發展方向之地位。亦即，中國歷代官吏除以官吏本身身分從事政治統治權之外，在其退職之後，雖沒有官職之權力，卻可以就其個人在社會地位與聲望，為其政府政令推動與協助。紳治主義的第二層意義是本文所偏重的含義。

一、仕紳定義

中國傳統社會中，仕紳（gentry）是一個獨特、源遠流長且具多方面功能的群體。何為「仕紳」？仕紳、紳衿為文獻中常見之名詞，事實上，仕、紳、衿三字，追溯其淵源，則三者各有其意。紳，指紳帶，為古代士大夫束在外衣上的大帶，後代引申以「紳帶」為標誌而具有特定身分的人士。因之，梁章鉅曾謂：「縉紳之士者，縉笏而垂紳帶也。」衿，為古代衣服的交領。青衿為古代學子的衣服，如常言道：「青青子衿」是也。青衿為學子特定的服飾，後來成為科舉制度中，秀才（生員）的固定服飾。隨著歷史的演變，青衿一如紳帶，由原先服飾之意，擴展為某一特定社會集團的代稱。[6]隋唐之後，隨著科舉制度的建立，仕紳的含義，就加上了科舉的意義在內。誠如王先明所言，中國仕紳階層具有多麼複雜的品格與特徵，它的形成和發展終歸是與科舉制度命運相依、生命與共的。亦即讀書之士子，必須依循著科舉途徑，謀取了功名；或進入政府機關，獲得官職，才能進入

6　王先明（1997），《近代紳士：一個封建階層的歷史命運》，天津：天津人民出版社，頁33-66。

仕紳階層。[7]因之，隋唐、明清數代仕紳是以功名有無、頂戴身分而定。

中國古代士大夫、紳、衿的含義原先頗為類似，皆指涉做官或曾做官的讀書人。如紳指「鄉宦之家居者」，[8]即退休與離職而家居的官員；仕指做官的讀書人。正如在漢書，食貨志所述：

> 士農工商，四民有業。學以居位曰士，闢土殖穀曰農，作巧
> 成器曰工，通財鬻貨曰商。聖王量能授事，四民陳力受職，
> 故朝亡廢官，邑亡教民，地亡曠土。[9]

但是，隋唐之後，由於官職的限制，許多具有功名的士子或是未曾有功名的讀書人，皆未能獲得官職。遂使「紳」與「士」各有所指，紳為官宦居家者；而士則為讀書人之意。

至明、清交會之際，「仕」與「紳」含義有合流之傾向。例如，清初葉夢珠記載清世祖順治十七年（1660）蘇松革黜紳衿一萬三千餘人之事，其將曾出仕的鄉紳，和未曾出仕的仕合稱紳衿。[10]同治十一

7　王先明（1997），《近代紳士：一個封建階層的歷史命運》，天津：天津人民出版社，頁33-66。

8　葉夢珠（1983），閱世編，《筆記小說大觀35編冊5》，台北：新興書局，頁174。

9　維基文庫，自由的圖書館，《漢書，卷二十四上》，〈食貨志第四〉，https://zh.m.wikisource.org/zh-hant/%E6%BC%A2%E6%9B%B8/%E5%8D%B70 24%E4%B8%8A，2020年6月29日閱覽。

10　葉夢珠（1983），閱世編，《筆記小說大觀35編冊5》，台北：新興書局，頁140。

年（1872）五月一日申報亦刊載：「世之有紳衿也，固身爲一鄉之望，而百姓所宜矜式，所賴保護者也。」於是，凡獲得身分、功名、頂戴，無論出仕未出仕，一概屬於仕紳階層。因之，吾人對清代仕紳地位的取得，可採取張仲禮之觀點，即「通過取得功名、學品、學銜和官職而獲得的，凡屬上述身分者及自然成爲紳仕集團成員。功名、學品和學銜都用以表明持該身分者的受教育背景。官職一般只授與給那些其教育背景並經考試證明的人。」

　　總之，士大夫居鄉者爲仕紳，是指那些有官職科第功名居鄉，而能得到鄉里敬重的人士。若是不符此標準，很可能便是惡霸、土豪、地痞、劣紳。若要成爲仕紳，要具備一定的條件，包括：第一，作爲仕紳的人，在家世方面必須有一個光榮的過去，值得鄉人景仰羨慕。消極要清白沒有惡名惡跡，積極要有超越別人的功名、知識或節操；第二，其人或其父祖或其家族對地方的貢獻；第三，典型的仕紳，一定是居鄉的士大夫，是有功名科第的退休官員；第四，仕紳照例要有豐厚的貲財；第五，仕紳一定要有地方人的擁戴；第六，具有一定的年歲。[11]總之，在中國傳統社會中，要成爲仕紳，最重要的條件是文化上的科舉功名。

　　此外，尚有數種「類仕紳」存在於傳統中國廣大的地方社區中。這些類仕紳並非以功名、頂戴、知識爲判斷的依據，嚴格言之，他們

---

11 費孝通（1991），〈史靖──紳權的本質〉，見費孝通等著，《皇權與紳權》，上海：上海書店，頁131-133。

並非是真正的仕紳。但是，在實際上，他們和真正的仕紳不易區隔，亦不易分離。類仕紳包括：（一）暴發戶型的人物，此等人物在暴發之後有錢有勢，對地方事務進行干預；（二）利用父兄子弟或戚誼的地位權勢，而在本鄉本土炫耀的人。他們倚仗人事的關聯，在地方上呼風喚雨，干預公事；（三）在地方仕紳周圍幫襯的人物，一方面以一知半解的知識，蠱惑鄉愚，一方面以油腔滑調，阿諛仕紳，以獲取自我的最大利益。「每當地方上發生事故，這種人照例是不惜奔走呼號，無孔不入的到處殷勤。其上焉者是凡事折衷調和不求甚解，婚喪喜慶固然少不了他們，產業居中作嫁這些必要的形式和手續也照例少不了他們，這種人就從這些工作得到點暫時的款待和些許報酬，並借著這一類的工作來提高自己的身價。」[12]

本文在仕紳的用語上，一律採「仕紳」二字，惟其他文獻對仕紳二字有採「士紳」或「紳士」用法，探其含義，與本文之「仕紳」二字，並無相悖。因之，本文一律採「仕紳」二字。

二、清代仕紳階層的組成

中國傳統社會中，要成為仕紳，最重要的先要有科舉功名的資格。何炳棣比較中國與英國社會在形成仕紳的條件差異時，發現「英國縉紳階級最重要的決定因素是土地、產業，中國的縉紳階級則不然。在明清兩代大部分時期中他們的地位由來，只有部分是財富，

---

12 費孝通（1991），〈史靖——紳權的本質〉，見費孝通等著，《皇權與紳權》，上海：上海書店，頁127-131。

而極大部分是（科舉）學位。」[13]因之，清代仕紳的產生，年齡、經驗、經濟基礎固然爲重要條件，但是最重要的仍是功名。而功名的背後，所隱藏的就是教育與知識的優越。[14]傳統中國社會中，要成爲仕紳，追根究底，是教育與知識的因素所促成。在我國古代，只有少數仕紳地主有錢有閒，家中弟子可獲得受教育的機會。是故，文字與知識只是社會中少數人的獨占品，對絕大多數皆是文盲的農民而言，文字具有高度的距離與神祕性。壟斷著知識，使仕紳在社區中任何的場合，都扮演著重要的角色。胡慶鈞言雲南省河村與安村中，一個農民從生到死，都得與仕紳發生關係。「這就是在滿月酒、結婚酒以及喪事酒中，都得有紳仕從場，他們指揮著儀式的進行，要如此才不致發生失禮和錯亂。在吃飯的時候，他們坐著首席，還得接受主人家的特殊款待。」[15]

由知識的獨占，使得仕紳成爲地方上代表性的人物，這種代表性，使得仕紳在地方上獲得了領導權力，不僅可指導倫理風俗，而且可涉入地方公共事務的處理。

清代社會中的仕紳集團，包含下列的主要組成分子：（一）離、退職鄉居之官員；（二）具有功名身分者；（三）具有軍功的退職人

---

[13] 費孝通（1991），〈史靖──紳權的本質〉，見費孝通等著，《皇權與紳權》，上海：上海書店，頁127-131。

[14] 胡慶鈞（1991），〈論紳權〉，見費孝通等著，《皇權與紳權》，上海：上海書店，頁119-121。

[15] 胡慶鈞（1991），〈論紳權〉，見費孝通等著，《皇權與紳權》，上海：上海書店，頁120-121。

員；（四）擁有武科功名者。

（一）離、退職鄉居之官員

　　傳統中國社會中，官與民地位懸殊，且任官者必先有功名，因之，當其丁憂、致仕等因素離開官衙，歸返鄉里時，也必然保留其特殊之身分，成為仕紳集團的中堅分子。

（二）具有功名身分者

　　清代各種功名，按其來源的不同，可分為「正途」與「異途」兩大類。正途是指那些通過政府各級科舉考試的仕紳；異途是指其功名是由捐納所獲得。以正途方式取得仕紳地位，是最具權威性與民眾的認同性。任何貧苦寒士，一經科舉，獲得功名，就有了護身符，成為高於民眾的特權分子。葉夢珠言：「是以一游黌序，即為地方官長所敬禮，鄉黨紳仕所欽重，即平民且不敢抗衡，廝役隸人無論矣。至等而上之，科鄉會試，則法紀愈嚴，名義益重，即勢要子弟亦不敢萌關節之心，故一登科甲，便列縉紳，令人有不敢犯之意，非但因其地位使然，其品望有足重也。」正途考試的最低一級為「童試」，通過者獲得「生員」的學品，亦稱「秀才」。其雖為最低一級學品，但仍須經過一系列考試。生員一詞，確切的含義，是指「官辦學校的學生」，亦即政府所辦之州學、縣學或府學中的學生。較生員高一級的考試為一省所舉行之「鄉試」，通過者即「舉人」。舉人可參加中央禮部所舉行的會試，會試入選即為「進士」。有些人在等級較高的考試中落榜，但其生員資歷較深，政府可授與「貢生」（朝廷的學生之

意，即由州學、縣學或府學中挑選出來，保送至京師求學）的學銜。進士、舉人、貢生的地位都要高於生員。清代政府官員，尤其是高層官員，絕大部分是由這些具有較高功名的人士中挑選出來的。他們進入政府工作，並且代表政府行使各項職權。在此同時，他們在原籍仍是仕紳，官職愈高，仕紳的等級也愈高。

　　欲獲功名與官職的另一途徑是透過捐納。清朝自太平天國之亂後，清廷為彌補財政上因內憂外患所帶來的鉅額赤字，大開捐例，由此途而晉身仕紳者大有人在。如捐「監生」（即國子監的學生），即是一例。事實上，大多數的監生並不進京讀書，但是，監生的取得，使他們仕紳地位與特權獲得承認，並為進一步的加官晉銜提供一個開端。[16]異途出身的紳仕也可能出任官職，但只能擔任較低的職位，清代規定捐納者僅能出任五品及五品以下的京官，四品及四品以下的外官。[17]這些官職雖然是捐來的，但也提升當事者的仕紳地位。晚清捐納大興，使不學無術之富商、地主，無不爭相捐資納爵，使官場、仕紳集團中沾染了銅臭味。上海申報於光緒八年（1882）七月二日刊載：「夫鄉紳非必讀書起家，今之由商而官者不知凡幾。」甚至有集體集資捐納，有「僕從帶肚」之情形。在此種情況下，官場有如市場，捐納者倖得一缺，上奪下剝，將本求利，視民生福祉為無物。清

---

16 張仲禮（1991），《中國紳士──關於其在十九世紀中國社會中作用的研究》，上海：上海社會科學院出版社，頁176-191。

17 織田萬撰（1979），《清國行政法汎論第五編》，台北：華世出版社，頁318-321。

末仕紳鄭觀應嘗言：「天下自捐納之開，朝廷之上幾有市道焉。從此守財之虜，紈袴之子，只須操數百金、數千金、數萬金以輸之部，立可致榮顯。」

（三）具有軍功的退職人員

清末國內外戰事頻繁，透過軍功而升遷者頗多，他們退、離職後，返回原籍，以軍功頂戴名列仕紳集團。太平天國之亂後，平亂有功的湘軍、淮軍將領還鄉，成為仕紳。胡思敬曾言：「軍興以來，紳權大張。」

（四）擁有武科功名者

仕紳集團中，還有一些通過武科舉，而取得功名、學品、學銜或官職者，包括武生員、武舉人、武進士。武學功名高者可擔任武職官員。受武學教育者亦可捐武捐的功名。在仕紳集團中，行伍出身的軍人是其中勢力較小的次團體。

在清代，欲想進入仕紳階層，除了文武科舉與捐納的方式之外，尚有其他的途徑，只是這些途徑的紳仕人數極少，包括：恩監生（因皇帝恩賜而得之監生）、算學生、蔭生（依世襲權而成官學的學生）等。另外，由於中國敬老尊賢的傳統，某些年高德劭的老人，會被皇帝賜予一定的官品，而成為仕紳集團的一員。例如：八十歲以上的老人，賜予九品官服與頂戴；九十歲以上賜予八品官服與頂戴；一百歲以上賜予七品官服與頂戴。[18]這類耆老，得到了某些屬於仕紳的聲

---

18 張仲禮（1991），《中國紳士 —— 關於其在十九世紀中國社會中作用的研

望，但是，他們並不能享有一般仕紳的特權，也不能出任官職。

　　以上是從仕紳的來源，將之劃分爲正途與異途兩團體。接下來，就個別仕紳地位的不同，將之區分爲上層紳仕與下層紳仕兩層級。下層仕紳是由眾多通過初級考試的生員捐監生，以及其他一些有較低功名的人所組成；上層仕紳則由功名較高者及擁有官職者所組成。[19]上下階層仕紳之組成分子，如圖2-1所示。

　　雖然，下層仕紳的地位與權力要小於上層仕紳，但在人數上，下層紳仕比例要比上層紳仕來得多，而且影響之區域亦大。在許多沒有上層紳仕的社區中，下層紳仕具有完全的影響力。單就下層仕紳而言，地位最高的是生員，次爲監生、例貢生。上層仕紳人數較下層仕紳爲少，但是，卻具有極大的威望與權勢。

表2-1　上下階層仕紳之主要組成分子

	正途	異途
上層仕紳	官吏、進士、舉人、貢生	官吏
下層仕紳	生員	監生、例貢生

資料來源：張仲禮（1991），《中國紳士──關於其在十九世紀中國社會中作用的研究》，上海：上海社會科學院出版社。

究》，上海：上海社會科學院出版社，頁167-200。

[19] 張仲禮（1991），《中國紳士──關於其在十九世紀中國社會中作用的研究》，上海：上海社會科學院出版社，頁213-230。

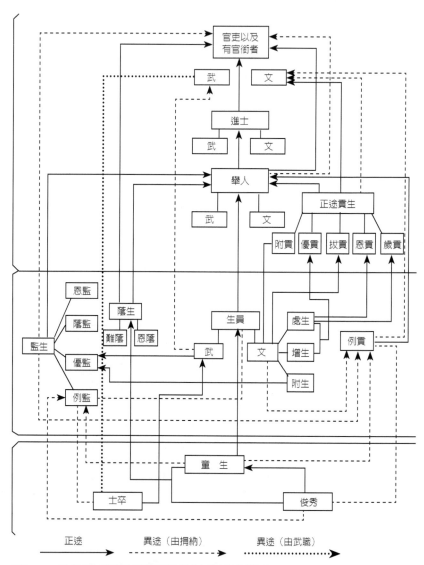

圖2-1　仕紳身分之獲得以及仕紳集團的構成

資料來源：張仲禮（1991），《中國紳士 —— 關於其在十九世紀中國社會中作用的研究》，上海：上海社會科學院出版社。

　　下層仕紳與政府職位關係疏遠，無法直接取得官職；相對之下，上層仕紳卻與官職緊密相連，或是本身就是現行官員或曾經擔任過官員。獲進士功名者，即科甲出身，可立即授與官職，進入官場。舉人可經過「大挑」即「揀選」擔任官職，出任知縣、州判、州學正、縣教諭。貢生中優秀者，可被任命為七品京官、知縣、縣教諭等職位。

三、清代仕紳的特權與責任

（一）仕紳的特權

　　由於仕紳具有功名，或正在做官或曾經為官，身分顯然特別，因此享有許多一般百姓並沒有的特權。誠如張仲禮所言：「『仕紳』是一個統治中國社會的特權階層。」[20]明末清初之時，顧亭林即言身為仕紳之好處：「一得為此『生員』，則免於編氓之役，不受侵於里胥，齒於衣冠，得以禮見長官，而無笞捶之辱。」

　　仕紳享受各種特權，例如：免賦權、免役權、做各級官吏之權、居鄉享受特殊禮貌之權、包辦地方事業之權、打官司奔走公門之權、做買賣走私漏稅之權、畜養奴婢之權、子孫繼承官位和受教育之權等。[21]吳晗在另一篇名為〈再論紳權〉的文章中認為，仕紳有下列特權：1.免役；2.豁免田賦；3.禮遇；4.畜養奴婢；5.法外權力。[22]綜

---

[20] 張仲禮（1991），《中國紳士——關於其在十九世紀中國社會中作用的研究》，上海：上海社會科學院出版社，頁200-205。

[21] 吳晗（1991），〈論士大夫〉，見費孝通等著，《皇權與紳權》，上海：上海書店，頁68。

[22] 吳晗（1991），〈再論紳權〉，見費孝通等著，《皇權與紳權》，上海：上海書店，頁62-65。

之，仕紳之特權不一而足，歸納言之，可由數方面加以顯示：一爲經濟上的特權；二爲法律上的特權；三爲禮儀、稱呼、服裝上的不同。

仕紳所享有之特權中，最重要者爲經濟特權。清代對仕紳之賦稅、徭役均有特殊規定；並且對仕紳追求功名，另給予例銀或其他津貼。[23]賦稅是指以現銀或實物所繳納的田賦，徭役指爲政府服勞役。經濟特權中，又以免役權最重要，[24]亦即仕紳免服徭役。由於仕紳地位崇高，且致力功名，故允其免於體力勞動。清高宗乾隆元年（1736）上諭：「至於一切雜色差徭，則紳衿例應優免。……嗣後舉貢生員等，著概免雜差，俾得專心肄業。」

後清朝實施攤丁入畝之策，即將男丁的勞役改爲納銀，此爲丁稅。仕紳免繳丁稅。[25]清代官學學宮前臥碑上刻有：「朝廷建立學校，選取生員，免其丁糧。」[26]在田賦方面，仕紳是不能免除的，但是他們往往運用影響力，拖欠、少納或不納應繳之田賦。拖欠、少納或不納拖欠田賦，即是實質的法外特權。由於仕紳階層所負擔的稅賦極少，造就他們在經濟上的優越地位，也往往造成仕紳就是地方上的大地主。[27]仕紳不但較之一般平民，不必負擔一定的稅賦，還可從

---

[23] 張仲禮（1991），《中國紳士 —— 關於其在十九世紀中國社會中作用的研究》，上海：上海社會科學院出版社，頁34。

[24] 吳晗（1991），〈再論紳權〉，見費孝通等著，《皇權與紳權》，上海：上海書店，頁68。

[25] 素爾訥（1997），《欽定學政全書》，上海：上海古籍出版社，頁32。

[26] 素爾訥（1997），《欽定學政全書》，上海：上海古籍出版社，頁42。

[27] 吳晗（1991），〈論士大夫〉，見費孝通等著，《皇權與紳權》，上海：上海書店，頁68-70。

政府獲得公費。仕紳中某些人,如廩生、國子監生可獲得政府的月例
銀。參加鄉試的生員、參加京城會試的舉人,根據各地的習俗,各級
政府有的會給予盤費。[28]仕紳亦享有法律上的特權,這是來自政府重
視功名,體恤仕紳的考量,因為「生員關係取士大典,若有司視同齊
民撻責,殊非恤士之意。」仕紳犯罪,不會受刑。舉監生員在訴訟
時,不受拘押,可以由家丁或子姪出庭。輕罪得予納贖,或「發學責
懲」。如果罪行嚴重,必須懲治,採取特定的程序,先行向上級報
告,革去其仕紳身分:

> 生員犯杖笞輕罪遞革者,只詳學院與本府本州。徒罪以上,
> 方用通詳。若因重案牽連應遞革者,雖罪只杖笞,亦應通
> 詳。廩生并詳藩司,以便開除廩糧。貢監生應遞革者,無論
> 笞杖徒罪,均應通詳,兼詳學院。[29]

因為仕紳的地位往往與知縣相當,甚至品級更高,知縣無權革去
其仕紳身分。此種遞奪仕紳身分的權力,通常操於教官之手,待革
除仕紳身分後,方能審判。「今後如果犯事情重,地方官先報學政。

---

[28] 張仲禮(1991),《中國紳士——關於其在十九世紀中國社會中作用的研
究》,上海:上海社會科學院出版社,頁34-38。

[29] 王蔭廷(1968),〈辦案要略〉,見張廷驤編,《入幕須知五種》,台北:
文海出版社,頁46。

俟黜革後，治以應得之罪。」[30]審判亦須由上一級的教官爲之，若地方官不按特定程序處置，而擅做主張，會遭糾參。學政全書中提及，「生員犯小事者，府州縣行教官責懲。犯大事者，申學黜革，然後定罪。如地方官擅責生員，該學政糾參。」[31]

清代仕紳所享有之特權，可從儀節、稱呼、服裝的不同顯示出來。仕紳於地方上各種節慶與典禮中，必受邀請。例如，只有仕紳才可參加孔廟祭祀的官方典禮；家族祭祖之時，仕紳就被推舉爲族中領袖人物，主持祭典。地方上，婚喪之家，招待仕紳須另闢一室，名曰大賓堂，不與平民共坐。仕紳出門坐大轎，扇蓋引導；生員出門，也有門斗張油傘前導。士子赴考，地方官要舉行儀式送行，進士及第者可享受皇帝所賜的「瓊林宴」，中舉者由原籍之督撫設「鹿鳴宴」款待。獲得功名之仕紳，其事蹟要記入家譜，要樹碑，要建牌坊。官員與仕紳相接之時，須持之以禮，平起平坐，不必行跪拜之禮；仕紳可自由見官。

如同官員一樣，仕紳有其特殊的稱呼、飾物、頂戴、服裝，有別於百姓。百姓稱呼仕紳爲「老爺」。[32]仕紳的帽子都有頂子，這些頂子隨仕紳之地位而有不同的質料與形狀。特定的袍子爲仕紳專用，服裝上某些貴重的飾物准許仕紳佩帶。一般百姓不能使用上述服飾，違

---

[30] 素爾訥（1997），《欽定學政全書》，上海：上海古籍出版社，頁32。

[31] 素爾訥（1997），《欽定學政全書》，上海：上海古籍出版社，頁32。

[32] 張仲禮（1991），《中國紳士 —— 關於其在十九世紀中國社會中作用的研究》，上海：上海社會科學院出版社，頁30。

反者依據相關規定，是要受到嚴懲。[33]地方仕紳集團尚享有獨占性的教育機會，因為各地方、各層級之官學，大部分都由仕紳家庭的子弟所壟斷。由於知識為仕紳所獨享，所以，地方輿論亦為其所獨占，各種「清議」為其操控。地方各種「自治」事項，如修路、救災、水利、學校等公共事務，亦由仕紳一手包攬。[34]

以上所述，為整體仕紳集團所享有之大略特權，惟上、下階層仕紳所掌握之特權多寡，仍有所不同。一般而言，上層仕紳所擁有的特權要比下層仕紳來得多。例如，田賦的繳納，上層紳仕更有能力抵制額外徵收，或者有部分或全部的減免。官品愈高，免賦愈多，占有的土地負擔愈小。[35]地方團練中，上層仕紳擁有更大的控制權，下層仕紳只是較小團練單位的首領。有的家族規定，祭祖儀式由族中官階最高的人主持。在婚喪儀式中，有三類的規則分別適用於「品官」、「庶士」、「庶民」。「品官」為七品與七品以上的官員、在籍的進士、舉人；八品、八品以下官員、生員、監生、捐納得來的例監生為「庶士」；「庶民」即平民百姓。上、下階層仕紳的服裝亦有所不同，上層仕紳的帽子為金頂，下層仕紳的帽子為銀頂。上層仕紳在地方上要比下層仕紳受到尊重。[36]

---

33 趙爾巽等撰（1981），《清史稿》，台北：新文豐出版社，頁14-18。

34 吳晗（1991），〈論士大夫〉，見費孝通等著，《皇權與紳權》，上海：上海書店，頁67-69。

35 吳晗（1991），〈論士大夫〉，見費孝通等著，《皇權與紳權》，上海：上海書店，頁68。

36 張仲禮（1991），《中國紳士——關於其在十九世紀中國社會中作用的研究》，上海：上海社會科學院出版社，頁224-231。

　　仕紳是中國傳統社會自科舉制以來產生的一個獨特的社會階層。他們可以享有社會大眾人們所公認的政治、經濟和社會特權以及各種權力，並有著特殊的生活方式，但也同時承擔了若干社會職責。他們視自己家鄉的福利增進和利益保護爲己任。在政府官員面前，他們代表了本地的利益。他們承擔了諸如公益活動、排解糾紛、興修公共工程，有時還有組織團練和徵稅等許多事務。當然，更包括弘揚傳統儒學社會價值觀念及國家知識傳承之新制學堂興建。

（二）仕紳的責任

　　在張仲禮的《中國紳士──關於其在十九世紀中國社會中作用的研究》一書中，提到仕紳從事地方事務的「角色」，或許我們可稱爲「半官方」，因爲仕紳是代政府而行事，但卻不是政府的代理人。仕紳仍是在中國社會組織中，在自願的基礎上行事。這些以仕紳爲主體的地方菁英是國家和地方政治銜接的橋梁，作爲地方領袖，他們與政府結成聯盟，在本地承擔許多職責，他們擔任官員與當地百姓之間的仲介，就地方事務出謀劃策，同時在官吏面前又代表了地方利益。在正常情況下，政府和仕紳的主要利益是一致的，並且爲保持社會的輪軸運轉和維持現狀，他們相互合作。換言之，仕紳是清末「地方治理」運作上的重要紐帶。也因此可以說在傳統中國社會中，地方仕紳在地方公共事務之支持與協助，其重要關鍵是因當時的中國地方行政官僚人數很少。

　　清末中英鴉片戰爭後的一連串外患與內亂，使得中國動盪不安。嚴重的內憂外患，使得在傳統社會居菁英領導之仕紳，面對一個前

所不同之挑戰。此一挑戰是中央極度式微，而地方又民不聊生，仕
紳在這樣時空下所能做的，反而大於清廷中央。正如賀躍夫在所著
《晚清仕紳與近代社會變遷——與日本士族比較》一書中所說：「清
朝國家的衰弱與地方紳權的壯大，也意味清政府對仕紳層意識型態
及政治控制力削弱，地方勢力集團興起意味著晚清政治多元化，這也
無疑對仕紳階層自下而上之革新勢力的興起，提供前所未有歷史契
機。事實上，危機給歷史帶來重大變局與新局面事例在中外歷史屢見
不鮮。」[37]清末各地仕紳對於新制學堂籌建與管理，從學堂規劃、籌
建、師資培養及到學堂經營，仕紳們扮演舉足輕重角色，正好彌補了
清廷在教育上所要扮演的角色，也正因為在他們努力的影響下，地方
教育的建立及管理逐漸走向了制度化。

四、仕紳的文化權

　　本文之所以探討文化權，指涉清末仕紳推動新制教育，主要是建
立在長久以來，仕紳以其在文化角色上之優越地位，推動西學，以改
變社會，主要仰賴長久以來仕紳所掌握的文化權。

　　文化權包括兩層含義：一是文化本身具有的規範性；二是對文化
資源的掌握，而獲得對社會事務發展的支配權力。兩者是有相當的關
聯。本文所探究文化權偏向第二層含義，即是以仕紳透過對文化資源
的掌握而獲得對社會事務發展的支配權力。首言文化具有規範性，文

---

[37] 賀躍夫（1994），《晚清仕紳與近代社會變遷——與日本士族比較》，廣
　　州：廣東人民出版社，頁60-61。

化的規範性是由文化的本質所決定的。法國著名政治學者莫理斯‧杜瓦傑（Maurice Duverger）認為：

> 文化是協調行動方式、思維方式、感覺方式的整體，它們構成能夠確定人的集體行為的角色。也就是說，文化組成一整套行為準則，人們從中感到必須在某種程度上服從這些準則。[38]

　　一般而言，文化的規範性不一定是強制的，它主要是透過價值判斷、社會輿論來「濡化」影響人們的思想和行為。我國學者李亦園將文化分為可觀察的文化和不可觀察的文化。可觀察的文化，是指物質文化（或技術文化）、社群文化（或倫理文化）與表達文化（或精神文化）；而不可觀察的文化，是指隱藏在可觀察文化背後的法則或邏輯，用以整合可觀察的文化，以免它們之間有了矛盾衝突的情況出現。這種不可觀察的文化法則或邏輯就像語言的文法一樣，構成一個有系統的體系，但經常是存在於潛意識之中，所以是不可觀察或不易觀察的。[39]這種存在於潛意識中的文化法則，實際上也就是某一社群在長期生活實踐中所形成的基本習慣和基本價值取向，或者說它就是某種社群文化的背景底色。因而生活在這一文化環境中的人，自幼便

---

[38] 莫理斯‧迪韋爾熱著（Maurice Duverger），楊祖功、王大東譯（1987），《政治社會學──政治學要素》，北京：華夏出版社，頁63-65。

[39] 李亦園（1997），《人類的視野》，上海：上海文藝出版社，頁102-103。

潛移默化習得其基本精髓；換言之，這種社群文化的基本法則自幼便植根於每一個人的思想之中，對其思想、行為產生深遠的影響力。

趙紀彬在《論語新探》一書中指出，中國古代之儒家文化自孔子開始就形成了「重政務、輕自然、斥技藝」的傳統。有學者統計，《論語》全書引用五十四例關於自然的材料，無一則的結論不是在政治道德等方面導出其意義和價值。[40]儒學自漢武帝「獨尊儒術」後，這種傳統便被繼承發揚了兩千餘年，直至清朝末年形成了中國獨特的倫理型文化。這種倫理型文化是以家庭、社會中的人倫為核心，由人倫推諸政治和自然，根據人倫的準則來建立政治的規範和秩序，確立人與自然之間所謂「天人合一」的關係。反之，家國同構的宗法社會，也使得中國的政治統治借助於龐大繁複的人倫之「禮」，而滲透到社會的每一個角落，從而形成了政治支配一切、政治影響無所不至的文化特色。科舉制度確立之後，儒學經典成為國家選拔官僚的標準讀本，又進一步強化了這種倫理型文化的社會規範的功能，其中「三綱五常」更是深入人心，形成了與法律同等的強制性效力。清代大儒戴震在《孟子字義疏證》中批評說：「酷吏以法殺人，後儒以理殺人。」[41]真讓人對倫理文化的威力感到不可思議。儒家文化因其強有力的倫理規範功能而被歷代王朝所利用，成為維繫中國一統而封閉社會的精神紐帶，美國學者費正清稱之為中國的「文化主義」。因而從

---

40 馮天瑜、何曉明、周積明（1996），《中華文化史》，上海：上海人民出版社，頁261。

41 梁啟超（1998），《清代學術概論》，上海：上海古籍出版社，頁38。

一定意義上講，帝制中國王朝的政治統治就是儒家文化獨尊地位的確立與維護。

次言，仕紳藉由對文化資源的掌握，而獲得對社會事務發展的支配權力。儒家文化在中國有其獨尊地位，尤其在維護傳統與異質文化相衝突時特別顯著。在先秦時期，儒家所極力主張的夷夏之分，其著力點就在於文化之別，孔子甚至說：「夷狄之有君，不如諸夏之亡也。」[42]其意謂，諸夏社會即使無君主但其禮法依然存在運行著，也勝過有君而無禮法的夷狄。因此，儒家認為統一天下之君王，不論源自何方，源於何族，仍須以中華文化為基礎。漢代以後，這種中華文化實質上也就是儒家文化。兩千多年來，儒家文化始終是中華民族形成和發展壯大的核心所在，而後在中華民族的發展歷程中，雖不斷吸納著域內各少數民族的不同文化，但儒家文化的主導地位始終屹立不搖。漢代劉向在〈說苑‧指武〉稱：「凡武之興，為不服也；文化不

---

[42] 本句出於《論語》，意思是：「假使夷狄等蠻荒民族有君主存在，那樣的社會，也不如中原之國即使在沒有君主的情形下而形成的社會好」。孔子表面上是在拿君主這個角色說事，其實，真正想要表達的是比較夷狄與諸夏的社會文明程度。文明程度體現在文化上，文化體現在政治上，政治體現在國家制度上，國家制度即最大的禮。社會文明與禮相呼應，從禮上亦可判斷社會文明程度。設立君主是禮的一項重要內容，有了君主，才能「道之以政」或「道之以德」，整個國家才能如同有頭的生命，有序發展。但除了君主，禮的內容還有更多，君主與整個禮相比，則顯得微不足道了。如果只有君主而無禮，則社會毫無文明可言，君主也只是一象徵，於社會文明而言毫無意義。如果有禮而無君主，則整個社會也依然會按禮運轉，社會文明依然存在，每個人依然能從中找到人生的意義。這就是孔子為什麼會說「夷狄之有君，不如諸夏之亡也」的原因。資料來源：每日頭條，〈讀懂論語：（3.5）夷狄之有君，不如諸夏之亡也〉，https://kknews.cc/culture/axzn3jx.html，2020年6月8日閱覽。

改，然後加誅。」[43]從中我們不難發現，儒家文化除了擁有「化成天下」的塑造力外，其後隱藏著國家政治力量的撐持。其後朝代更迭如走馬燈，而唯有宋元之際和明清之際最讓士人悲憤難忍。其原因根本在於士人賴以生存的文化「傳統」面臨著外來文化的挑戰，因此清初顧炎武才會力辯「亡國」與「亡天下」之不同，其立足點即在於儒家文化的存亡與否。他認為「亡國」只是「易姓改號」，朝代更遞，屬於「肉食者謀之」的事情；而「亡天下」則是蔑棄「仁義」，以至於陷入「率獸食人，人將相食」的人倫無序的狀態，因而保天下者，匹夫有責。[44]在士人這種帶有悲壯色彩的對儒家文化的維護行為中，也包含了爭奪文化權力的目標指向。在中國歷史軌跡上，元清兩朝雖然取得了軍事上的勝利，但入主中原之後，它們基本上還是沿襲了中國傳統的文化傳統，儒家文化因此而延續下來，所以從文化權力的爭奪來看，士人並未失敗，正是他們繼續擔當起中國文化傳承的重要角色。

　　從理論上講，科舉制具有公平競爭的意義，它為每一個社會成員（少數賤民除外）提供了上升的機會。但實際上，中國文字的深奧難懂，使得大多數平民百姓望而卻步，漢文成為幾乎是統治階級的專利品，它具有一種社會制度的性質，而不僅是一種社會工具。潘光旦、費孝通在1947年對清代九百多名舉貢進士家庭背景的統計分析

---

43 費孝通（1991），〈史靖──紳權的本質〉，見費孝通等著，《皇權與紳權》，上海：上海書店，頁131-133。

44 顧炎武著，黃汝成集釋（1994），《日知錄集》，長沙：岳麓書社，頁471。

也證明，絕大部分的科舉功名獲得者都是具有一定經濟實力的有資產者。經由科舉而晉身仕紳行列的人，不僅可以獲得政府賦予的政治和經濟特權，單就壟斷儒學文化這一點，也使他們獲得了一種以傳承道統、教化萬民爲己任的特殊權力。有學者打趣地說：「不要小瞧了這群手無縛雞之力的文弱書生，用法國著名後現代大師米歇爾·福柯（Michel Foucault）的話來說，他們也是屬於掌權者一族。這裡的權力，非政治的大權，乃是話語的權力。」[45]仕紳因獲得話語的權力而成爲社會的權威，其餘百姓則理所當然地被稱之爲「愚民」，必須聽命於仕紳。明代學者呂坤（1536-1618年）回憶說：

> 吾少時鄉居，見閭閻父老，闤闠小民同席聚飲，恣其談笑，見一秀才至，則斂容息口，惟秀才之容止是觀，惟秀才之言語是聽。即有狂態邪言，亦相與竊笑而不敢短長。秀才搖擺行於市，兩巷人無不注目視之，曰：「此某齋長也。」人情重士如此。豈畏其威力哉？以爲彼讀書知禮之人，我輩材粗鄙俗，爲其所笑耳。[46]

仕紳作爲社會的知識菁英層級，其化民成俗的方式主要體現在兩個方面：一是以自身良好的道德品行感化下層民眾；一是透過各種社

---

45 許紀霖（1997），《尋求意義——現代化變遷與文化批判》，上海：三聯書店，頁278。

46 呂坤（1872），《實政錄卷一弟子之職二》，同治十一年浙江書局重刊，頁178。

會基層組織（如鄉約、社學、宗族、善會等）直接教化民眾。在明清的社會基層組織中，可以清晰地看到仕紳教化民眾，整頓秩序的積極性不斷高漲，由明代前期的社會道德示範角色發展到晚清直接參與團練、保甲等官方基層組織的建設，這表明仕紳作爲官民之仲介，具有很大的活動空間。

維護自己的文化權力，明清仕紳首先從源頭上將其獨占的文字本身神聖化，在民間宣導起「惜字」習俗。康熙年間，元和縣周莊鎮（今屬昆山）創設惜字局，張冷在〈桃花庵惜字緣啓〉中說：「契代結繩，畫原配卦，故六書始出，神鬼皆驚，而四韻初階，陰陽悉協。……帝王藉之以布政令，聖賢之以撰詩書，投緻而通四海，傳譯以來八荒，莫不尊崇，罔敢褻越。」[47]到了晚清時「惜字」之俗已成爲江南仕紳大力提倡的一種最爲普遍的善舉，包括像馮桂芬、潘曾瑋等地方大紳都積極投身於其中。仕紳對文字的神化，實質上就是對自身的神化。正如韋伯（Max Weber）所言：「在中國，舉凡禮儀之書、曆表、史書的撰寫，都可以追溯到史前時代，甚至在最古老的傳說裡，古老的文字也被看作爲有魔力的東西，而精通它們的人們被視爲具有魔力的神性的代表者。士人的威望並非基於一種由神祕的魔力所構成的神性，而是基於此等書寫與文獻上的知識。」[48]仕紳維護其文化權力的第二條途徑，是爲民眾提供各種社會保障，仕紳權力

---

[47] 陶煦編，《周庄鎮志卷二》，惜字局光緒八年版，頁17。

[48] 馬克思韋伯著，洪天富譯（1997），《儒教與道德》，江蘇：江蘇人民出版社，頁128-129。

的擴張與仕紳建立的善堂及義莊等社會保障組織的增加成正比，民眾對仕紳文化權力的認可和遵從的程度，來源於仕紳為民眾提供社會保障責任的多寡，權力和義務的對等關係在這裡表現得尤為清晰。在這種比例關係中，那些只想擴張權力而不想盡其義務的仕紳就會被人視為劣紳；而那些力行善舉，熱心於鄉里公益的仕紳，則是受人尊敬的賢紳。仕紳維護其文化權力的第三條途徑，是立足於儒家文化大傳統的根基，對民眾文化的小傳統不斷加以引導、清理對那些與儒學精神相違背的淫祠邪教堅決主張禁止，對那些有礙社會穩定的民間習俗則極力加以勸導和限制，從而保證更加有效地將儒家文化灌輸給下層民眾，達到化民成俗的效果。

仕紳作為官民之中介，其文化權力的運作固然要取得民眾的認可與合作，但文化權力的制度性保障則是來源於國家政權的賦予。仕紳階層作為國家科舉制度衍生的一個社會群體，其特有的知識結構決定了它在整體上具有維護現存文化秩序的特性，因而它與國家之間具有脣亡齒寒的依存關係。清末廢科舉行「新政」辦學堂之後，傳統仕紳失去安身立命的制度保障，開始出現結構性分化，紛紛流向實業、教育、軍隊等領域，年輕學子則透過新制學堂而獲得西方知識，成為新式的知識分子。所以從某種意義而言，廢除科舉不僅剝奪了仕紳的文化權力，導致傳統仕紳階層的瓦解，推動中國的知識群體由傳統仕紳向現代知識分子的轉化。[49]

---

49 徐茂明（2004），《江南仕紳與江南社會（1368-1911年）》，北京：商務印書館，頁61-70。

貳、角色理論

角色（role）此一詞在拉丁文「rutula」為「滾筒」之意，古希臘、古羅馬時代指戲劇表演的演員，而後此詞演變成指舞台上所扮演之「人物」，演變到今天定義為在日常社會生活中之「角色扮演」。[50]

一、角色定義

西元1930年間，米德（G. H. Mead）、莫雷諾（J. I. Moreno）與林頓（R. Linton）等人提出了「角色」學理的基礎，解釋在複雜的人類社會生活中角色的定義。角色概念在西元1940年至1950年期間社會科學研究有著重要地位，許多社會學家的理論都引用角色的概念，尤其是帕森斯（T. Parsons）的「社會系統理論」中所定義「角色」的概念更為重要。美國學者G. H. Mead在《心靈、自我與社會》（*Mind、Self and Society*）強調，在社會行動中替代他人角色的重要性，即「角色取代」（role-taking）。他認為，「自我只有當個人能取替他人的角色時才存在」。換言之，當一個人產生自我意識時，他同時也意識到他人的存在。[51]西元1936年起，R. Linton陸續引進「身分」（status）的概念於社會學界，並說明「身分」與「角色」的關係，即兩者在文化系統及人格結構中的意義。R. Linton指出，「身

---

[50] 林揚傑（1989），〈我國中央政府人士人員角色與功能研究〉，私立中國文化大學政治研究所碩士論文，頁31-32。

[51] Georag Herbert Mead (1934), *Mind' Self and Society*, Chicage: University of Chicago Press, p. 23.

分」用以表示個人在其社會聲望系統中所占的地位;「角色」則用以指與某一特定身分相關聯文化型態的全部。因此,角色指涉社會占有此種身分者的態度、價值及行為,並且進而包括相同系統中其他身分的人們對於這些人行為的合理期待,所以角色乃是一種身分的動態面。

郭為藩綜合貝特爾(B. J. Biddle)及湯瑪思(E. J. Thomas)對角色之定義是「一組人所約定的一組行為或一組行為類型」,以及奧爾波特(G. W. Allport)之看法,他認為:「角色乃是參與社會生活的一種結構性的模式,進而提出行為模式的角色觀,認為角色為社會團體期許於某一特定類列的人,所應表現的行為模式。」[52]另紀俊臣及詹火生兩位均綜合角色之「身分地位說」及「行為模式說」。紀俊臣指出,個人在行使權利與履行義務時所占有之一種地位;[53]而詹火生則定義角色定義為:每一個人在社會中,都占著許多位置(position)。一位成年男人,可能是個小學教師、賞鳥協會的理事、為人夫、為人父、為人子,跟隨著每一個位置,都伴隨著一些權利和義務,就構成了一個地位(status)。因著社會地位而享有的權利和義務,都有著相應的行為模式,同時,人們對具有這些地位的人,都期望他表現出某種的行為模式。[54]總之,何謂角色,其概念解

---

[52] 郭為藩(1971),〈角色理論在教育學上之意義〉,《師大教研所集刊第十三集》,台北:國立台灣師範大學教育學系,頁13-33。

[53] 紀俊臣(1987),《立法院制定私立學校法之角色行為 —— 市政計畫與管理》,台北:馬陵出版社,頁364-365。

[54] 詹火生(1996),《社會學》,台北:三民書局,頁125。

釋歸納以下五個意涵：

（一）角色是一套結構性的行為模式或一組行為模式表現。

（二）角色可為個人或涉及某一類別的人，例如，同一性別、年齡或
　　　職業等，所具有共同行為的特性，包括人格屬性和行為特質。

（三）角色是社會情境中成員所處的人己所共同承認及為他人所期盼
　　　的定型任務與行為，是種有權利與義務現象的一種地位。

（四）角色是表現於社會互動體系中，無互動則角色的動感性不存
　　　在。

（五）角色所涉及的行為期望，係代表社會結構的一部分。[55]

　　經由以上分析，角色乃人己共同承認的行為規範，有其主觀面
向、客觀面向、實踐面向與功能面向。所謂角色的主觀面向，乃角色
扮演者個人認為在角色上應表現出的行為，此即角色認知。客觀面向
乃角色扮演者之外的其他人，對角色扮演者的行為要求，在本文稱之
為角色期望（期待）。角色扮演者在接受到主觀之角色認知和客觀之
角色期望（期待）的訊息後，經過盱衡實際情勢後，角色扮演者乃履
行其角色行為，此階段本文稱之為角色履行（實踐）。角色扮演者在
實踐其角色行為後，必然會產生他人或社會影響，這就是所謂的角色
功能，角色功能即是角色行為所產生之作用。因之，本文在角色理論
上的著重點為角色認知、角色期望（期待）、角色履行（實踐）與角
色功能。

---

[55] 羅文家（2003），〈村里幹事角色之研究——以台北縣為例〉，私立中國文
化大學政治研究所碩士論文，頁43-44。

二、角色認知

所謂的角色認知（Role Perception），是指特定角色扮演者，對該角色應表現何種行為的主觀認定。其認知是指個人接受在工作組織或社會團體因人際互動中融於個人的主觀觀念之產生，亦是構成人格主觀表現的一部分。主觀認定之形成除了有關角色認知及接受之外，尚受其能力、氣質、態度、意向、需要與動機、認知形式、價值等影響。

角色認知是角色扮演的先決條件，一個人能否成功地扮演各種角色，取決於對角色的認知程度。在社會組織活動中，一個人對自我行為和地位的認識，總是根據對他人的行為和地位的認識獲得的，因為各種社會角色總是不斷地相互影響和相互作用。一個人在扮演某一個角色時，既要知道自己的身分和地位，也要知道對方的身分和地位。

所以對角色的認識，只有在角色的相互關係中才能更加明確。由於明確了自己的地位，也就加深了對對方地位的認識，例如，父親與孩子的關係、醫生與病人的關係、老師與學生的關係等，都是在與對方的相互關係中才明確了雙方的地位。角色認知是指角色扮演者對社會地位、作用及行為規範的實際認識和對社會其他角色關係的認識。任何一種角色行為只有在角色認知十分清晰的情況下，才能使角色很好地扮演。[56]

---

[56] MBA智庫百科，〈角色理論〉，https://wiki.mbalib.com/zh-tw/%E8%A7%92% E8%89%B2%E8%AE%A4%E7%9F%A5，2020年7月3日閱覽。

　　角色認知是一個長期的、複雜的社會化過程，包括先天的秉性、家庭的教育、學校教育、同儕團體、宗教等涉入期間。角色認知雖為角色扮演者個人主觀之要求，然而人類為社會性動物，其主觀看法亦可能源自於客觀制度、觀念的期許，所以主觀認知與客觀期望並不是那麼容易區分。但是不論其來源為何，均需先行內化至內心中，形成角色扮演者對角色扮演的主觀要求。

三、角色期望

　　學者P. E. Secord及C. W. Backman二人認為，角色期望（Role Expectation）是具有預期的（anticipatory）與規範的（normative）性質。預期的性質是指別人期望「他」將以其期望方向或形式來表現之行為，且達到其行為表現的預期。規範的性質是指他人對於角色的扮演者，不僅期望他以某種確定的方式表現行為，並且認為他應該以那種方式來表現行為。[57]學者H. J. Eysenck將角色期望視為反映在團體的目標與規範，其描述角色扮演者在特定情境中，應如何表現他的行為，並且還涉及到角色扮演者在特定情境中，將以何種方式表現其行為的可能性。[58]

　　陳庚金亦認為，角色期望是對於扮演某一角色的人，期望其採取某種行為型態，是行為的動因，社會結構中的地位等於一項有組織的

---

[57] Paul F. Secord and C. W. Backman (1962), *Social Psychology*, New York: Mcgraw-Hill inc, pp. 402-404.

[58] H. J. Eysenck (1950), et al (ed.), Encyclopedia of Psychology Vol. 3，台北：玄彬出版社翻印，p. 164。

角色期望系統，社會結構中的權利和義務均含有角色期望的性質。[59]
角色期望的內涵，不僅是指他人期望角色扮演者將表現何種行為，
以及角色扮演者預期他人對自己行為的反應，亦包括他人認為角色扮
演者應該表現何種既定的行為。角色期望的獲得是當個人與他人互動
時，透過想像他人對個人的期望而來。角色扮演者對他人期望的推測
或想像是根據一些細緻的線索，包括對方的表情、姿態、行動和當時
的情境等。[60]

四、角色履行

任何一位社會成員不可能獨立於社會之外，均有其「獨特」身分
地位，以此地位與社會中其他角色地位產生或多或少規律性互動。
也就是任何特定的身分地位都可以籌導出其特定一組行為，而在每一
個地位之中，通常都包括了客觀上應該怎麼做的期待或規範；而這些
規範性的期待總是充滿了價值、信仰、知識庫存、語言和技術。當我
們在某個位置上要行動時，我們會考慮當時規範和其他象徵系統，然
後我們會根據自己的需要、人格以及情境的特性，來調整我們的行
為。個人的行為並非完全受外在環境制約，其本身亦具有主觀性，
包括對自己行為一系列價值、期望和動機等，這些係源自於過去他的
生活經驗和需要，而其亦影響角色扮演者的行為表現，這種主客觀的

---

[59] 陳庚金（1982），《人群關係與管理》，台北：五南圖書，頁53。

[60] Paul F. Secord and C.W. Backman (1962), *Social Psychology*, New York: Mcgraw-Hill inc, p. 454.

考量，加上處於某個身分地位的狀況，就形成了「角色履行」（Role Performance）。[61]

　　政治學者伊薩克（Alan C. Isaak）提到，角色理論使政治學者聯想到所謂的政治行為，大部分是一個政治行動者履行某一角色，或者各種角色需求與期望的結果。Isaak亦指出，角色除了外界對它的期望外，角色理論還包括外界期望的認知和本身對角色的看法二種概念。因此，Isaak認為角色期望的來源有二：

（一）來自「局外人」（outsiders），即是外界的，這包括個別的公民、各種團體、政府官員的期望，並且在憲法、法律清楚明定著，反映成輿論與根深柢固的文化規範。

（二）來自「局內人」（insiders），即是角色占有者本身，角色扮演者自己的期望，他應不應該與能不能夠做什麼。[62]

五、角色功能

　　所謂角色功能（Role's Function），是指角色執行後所產生的影響。在本文有關仕紳的角色理論，根據日本學者根岸佶在《中國社會指導層──耆老紳士的研究》一書指出，其仕紳在中國角色功能是經營宗族、行會等民間自治團體的代表，在作為「下意上達」導管同時，又以官方代理的資格努力使「上意下達」，甚至協助其公共

---

[61] Jonathan H. Turner著，張軍玫譯（2000），《社會學：概念與應用》（*Sociology: Cocepts and Uses*）四版，台北：巨流圖書公司，頁68-69。

[62] Alan C. Isaak (1981), *Scope and Methods of Political Science The Dorsey*, Illinois: The Dorsey Press, pp. 253-256.

行政，擔任治安維持、民食確保、排難解紛、官民聯絡、善舉勸業、移風易俗等功能。[63]總而言之，仕紳其角色功能是聯絡官民中介之角色。而日本學者松本善海則認為，中國仕紳是由村落支配者的父老轉變而來，但有不是作為村落的代表者，而是官僚制的產物即是「准官僚」。[64]

---

[63] 徐茂明（2004），《江南仕紳與江南社會（1368-1911）》，北京：商務印書館，頁25。

[64] 徐茂明（2004），《江南仕紳與江南社會（1368-1911）》，北京：商務印書館，頁26。

|第三章|
清末福州三位仕紳生平

　　在十九世紀中國社會結構中，仕紳是爲官吏與民眾之「中間者」。在當時識字率極低的中國社會，他們更是社會的「意見領袖者」。陳立鷗在《閩縣陳公寶琛年譜》寫道：「三十年來，閩省內外南北仕學有名績者，大率先君所種植長養者也」，[1] 說明福建省福州地區在仕紳陳寶琛等人努力下，爲當地建構起完整新制教育體系，也因此培養出許多優秀「新知識」人才，這些人才對於推動後來建設，貢獻許多。追本溯源，福州三紳推動新制教育有其「功不可沒」的貢獻。本章將介紹福州地區仕紳推動新制教育引進西學最爲熱忱的三位仕紳 —— 林紓、嚴復與陳寶琛的生平。期望透過對三位仕紳生平的瞭解，成爲爾後各章節分析不同角色時之基礎。

第一節　林紓的生平

　　林紓爲清福建閩縣（今福州市）人，字琴南，號畏廬，別號冷紅生。晚年時自稱蠹叟、踐卓翁、六橋補柳翁、春覺齋主人等。其一生最大成就是將西方著名文學引介入中國，爲西學紮根，貢獻卓越。

壹、性格踏實至孝

　　林紓自幼嗜書如命，五歲時即在私塾當一名旁聽生，受塾師薛則

---

[1]　陳立鷗（陳寶琛子）、張允僑（1997），《閩縣陳公寶琛年譜》，福州陳寶琛後人出資出版，頁3-4。

柯的影響，深愛中國傳統文學，從此與文學結下不解之緣。但由於家境貧寒，不得不為生計終日奔波。惟閒時仍不忘苦讀詩書，十三歲至二十歲閱讀殘爛古籍不下兩千餘卷。他於清光緒八年（1882）中舉，而後七次赴北京參加禮部試，希望考取進士，但皆名落孫山而歸，因而放棄此一心願。林紓幼年時期，祖母就教導他要做一個誠實本分的人，在〈先大母陳太孺人事略〉中，他寫道：「吾家累世農夫，汝能變向仕宦，良佳。但城中某公，官卿貳矣，乃為人毀輿，搗其門宇。不務正而居高位，恥也。汝能謹願，如若祖父，畏天循份，足矣！」[2]觀其一生，雖宦途不順，但盡讀書人本分，愛鄉愛國，促使國家強國強種，他竭盡所能在福建家鄉興辦新制學堂，雖不懂外文，但努力翻譯二百多篇西方著名文學，欲將西方文學思想觀念引進中國，他的努力可說是達到祖母之做人、做事要求。

　　林紓生性至孝，對母親懷有深深的「敬愛」之情。中舉人的十三年後，母親喉嚨長「大瘿」，病危之際，林紓曾經一連九天，每夜四更起床，燒香祭天為母祈禱於庭院。在〈述險〉文中，林紓回憶寫道：

　　　余夫婦侍疾已經月矣，不審為計。則起五更，爇香稽顙於庭
　　　而出，沿道拜禱至越王山天壇上，請削科名之籍，乞母以

2　林紓（1916），〈先大母陳太孺人事略〉，《畏廬續集》，北京：商務印書館，頁23-24。

終養。勿使頸血崩暴，以怛老人。如是者九夕，第四夕盛雨
及之，余堅伏雨中不起。從者以蓋庇余，斥去之。夜寒鷗鳴
於樹間，從者股慄。余憂火中炎，木棉之裘盡濕，乃不自
覺。[3]

母親病逝後，林紓又守喪六十日，夜必哭祭而歸，他又在〈述
險〉寫道：

十月二十七日母孺人逝，幸不見血。余伏榻下，經時不能
哭，蓋此時一心感天，兒不知余母之舍余而去也。居喪之
六十日，余夜祭太孺人，罷哭歸苫，心忽跳動作響，二目昏
黑，自謂死矣。已而小蘇，醫至，言心房且因悲而裂。[4]

林紓由母病至母病逝之悲傷情狀，及母逝後又守喪六十日，可見
他是一位孝子。

貳、家貧影響科舉之途

身為寒門長子的林紓，清同治六年（1867）十六歲時，為了掙錢

3　林紓，〈述險〉，http://zh.wikisource.org/zh-hant/%E8%BF%B0%E9%9A%
AA，2024年4月19日閱覽。

4　林紓，〈述險〉，http://zh.wikisource.org/zh-hant/%E8%BF%B0%E9%9A%
AA，2024年4月19日閱覽。

養家，不得不中斷學業，到台灣淡水跟隨父親經商，在台灣共計三年。十八歲時林紓回到福州，與同縣劉有棻之女劉瓊姿完婚。「結婚」在中國人的思想中是一個人「成年」之含意，也意味著應該盡為人子之責任，擔起一個家庭的所有重擔。林紓在十九歲這年，先是年邁的祖父去世，接著父親身染重病，自台灣歸來，臥病不久亦過世。老祖母承受不住喪夫喪子之痛，未幾亦過世。一年中連辦三件喪事對才十九歲的林紓而言，是沉重的打擊及精神的負擔。他在〈先妣事略〉中寫道：「十九歲這年是我一生中最痛苦的一年，喪葬接踵，悲梗勞頓。」[5]晚年更在〈示兒書〉中寫道：「十九歲，爾祖父見背，苦更不翅。」[6]

　　二十歲時，林紓在岳父劉有棻幫助之下，跟隨陳蓉圃先生讀書。二十一歲時又為養家糊口，不得不第二次捨棄讀書夢，以教書為業，先在一戶王姓人家裡當私塾老師，但收入無法改善家中貧困，他在〈告王薇庵文〉中寫道：

　　嗚呼！士當貧賤坎壈之日，親戚之形神不接，知交見而奔避。於此有人扶之、攜之、雖儈也、屠也，吾猶侶之，而況躬孝友之行，負文章之名，愛我以德，接我以禮，感我以情者耶？憶戊寅之間，君館余于家，君別出館于史氏。數日必歸，歸必把余之手而談。時雨盛屋穿，數易其座，滲隨及

5　張俊才（2007），《林紓評傳》，北京：中華書局，頁16-19。
6　林紓（1916），〈示兒書〉，見《畏廬續集》。

之。君與余方縱談世務，傾吐肝膽，怡然有得，而各忘其
貧。[7]

　　林紓雖以教職謀生，但仍然無法解決家貧的困境。沒多久，林紓
的弟弟爲了協助貧困家計遠赴台灣工作，竟於台灣染病身亡，對困厄
之中的林紓又是一次重大的打擊。在多重打擊，身心折磨下，病倒不
起。林紓在〈述險〉文中是這樣敘述自己生病的起因，他寫道：

　　同治庚午，余十九歲，府君疾自台灣歸。時家橫山，屋小。
　　左廡僅能容榻，一幾之外，當側行而就榻。既以正寢奉府
　　君，余及室劉孺人遷左廡，侍府君疾。四更歸寢，遲明
　　起。……越十日，府君疾革，余恃有幼弟，乃露香稽顙，告
　　天請以身代，不驗。既遭憫凶，遂病肺，日必咯血，或猛至
　　者盈碗矣。[8]

　　林紓咯血之病，時好時壞，竟拖了十年之久。在〈五顯山人傳〉
中他寫道：「余自二十至三十，此十年中，月或嘔血斗餘。」[9]在
〈述險〉文中又寫道：「積十年，大小十餘病，病必以血。醫言：
『肺痿矣，不可治。』」可是到了將近三十歲時，竟奇蹟般地不藥痊

7　林紓（1916），〈告王薇庵文〉，見《畏廬文集》。

8　林紓（1924），〈述險〉，見《畏廬文集》。

9　林紓（1924），〈石顯山人傳〉，見《畏廬文集》。

癒了。爾後，之前爲林紓看病，認爲林紓必死的醫生見到他，不敢相信他仍活在人間。[10]

　　林紓由於困於生計，終不能專心讀書，亦可能由於讀書的內容雜亂，未能在科舉上多下功夫；也可能是由於素負狂名，爲時人所忌，一直到二十七歲，他依然連個「秀才」都沒考取。這對於才高氣盛的林紓而言，實在是極大諷刺。林紓之弟秉盛也因爲要幫助林紓專心考取功名，遠赴台灣謀生，沒想到卻因此病死台灣。在這樣貧賤困苦之窘境下，林紓妻子劉瓊姿私下託請她父親劉有棻資助幫忙，以使林紓能安心讀書考上舉人，也因爲如此，林紓直到二十八歲時才正式入縣學專心讀書。但他是因爲文名受到當時福建督學孫詒經的賞識，破格選入縣學，因此還不能算是正式的秀才。直到他二十九歲才被「補弟子員」成爲正式的秀才。林紓畢竟學識淵博，在他被「補弟子員」後第二年，清光緒八年（1882）就領鄉薦中試爲「舉人」，這年爲「壬午」年。

參、六試禮部不遇

　　林紓從三十二歲第一次參加會試到四十七歲最後一次，在科舉路上蹉跎了整整十五年之久，屢次赴試，屢次落第，頗爲感傷。由於他屢試未中，對先師薛則柯先生實無法交待，於《薛則柯先生傳》中寫道：

10 張俊才（2007），《林紓評傳》，北京：中華書局，頁16-19。

先生，隱君子也。薛氏之族，成進士者三人，與先生皆輩行。先生顧之，未嘗爲動。入山后，于經益邃，旁及諸家集，終身未嘗爲文及詩，殆并文及詩而隱之也。及門中特傳紓，而紓四十不偶，豈先生所爲者，在讀書制行，不以科名傳耶？嗚呼！其將何以報先生也。[11]

即使林紓再狷介自負，他也不能不正視極爲難堪的家計現實。所以林紓決定不再圖仕進。

肆、不齒官場惡習

十五年來爲了摘取進士的桂冠，林紓不斷地出入京畿，南北奔走，這個經歷使他對當時官場生態有深入瞭解。他看到了某些當道者的昏庸腐敗，亦看到了某些在官場討生活的冷酷與無情。他覺得官場也並非一塊淨土，更不願在官場名利的角逐過程中受制於人。林紓後來曾多次談到自己不再圖仕進的原因。《畏廬尺牘》手抄本之〈與陳滄趣〉的信中林紓寫道：

魏季渚爲人構陷，其事爲瘋人所爲。揆諸古之賊臣行爲，亦殊不類。國家日求變，而此輩極力顛倒之，不特可悲，而亦

---

[11] 張俊才（2007），《林紓評傳》，北京：中華書局，頁29。

可笑。紓之立誓不爲官者，正痛恨此輩入骨。[12]

又林紓在〈與魏季渚太守書〉中又寫道：

方今小人之多，任事之難，在古實無可比例。蓋上有積疑之心，下多分功之思。有積疑之心，則膚寸之失足累乎全局；有分功之思，則絕望之事彌甚于仇讎。故凡語言、酬應、精神，稍不相屬，引憾已足刺骨，況又忼爽質直，自行己意，此人言之所以不直於執事，必欲求逞者也。執事此行短執事於新帥者甚夥。紓筴執事必坦然自信，然執事亦聞鄭袖之短楚美人乎？[13]

由前兩段林紓所述，可以明瞭林紓因爲痛恨官場中的「賊臣」及「小人」太多，他不願與之爲伍，更不願受其挾制，林紓才立誓不爲「官」。林紓後來決定不再入仕，是因爲清末官場留給他的是醜惡，是腐敗，是小人橫行，一個正直愛國之士雖登仕籍，卻難有建樹。[14] 與林紓友好之魏季渚，在官場上被人陷害，此時清廷是求新求變之際，理應國家上下共同努力。但此際官場因自私自利，卻構陷良官魏

---

12 林紓，〈與陳滄趣〉，見福建省立圖書館藏《畏廬尺牘》手抄本，轉引自張俊才（2007），《林紓評傳》，北京：中華書局，頁16-19。

13 林紓（1916），〈與魏季渚太守書〉，見《畏廬文集》。

14 張俊才（2007），《林紓評傳》，北京：中華書局，頁29-31。

季渚，這樣「賊臣」及「小人」，在官場上爲數不少，林紓不願爲官
受此挾制。由於在科舉上不得志，再加上清末官場腐敗，使他痛恨與
灰心，確立「立誓不爲官」的心願。己亥年（1899）四十八歲的林紓
在〈示兒書〉中寫道：「己亥，客杭州陳吉士大令署中，見長官之督
責吮吸屬僚，彌復可笑，余宦情已掃地而盡。」[15]再次證明此際官場
齷齪腐敗，小人當道，良官無法建樹有所爲，使林紓厭惡而不願同流
合汙。林紓又在七十歲自壽詩中再次抒發心志：「宦情早淡豈無因，
亂世誠難貢此身！」[16]再次確立林紓不爲官仕之原因。

伍、樂善好施於興學，寄情翻譯引介西學

被後人譽爲「譯界之王」的林紓，年少輕狂時，曾關心國政批評
時事，冀能在政治上有所作爲，而後轉移致力於新制教育改革與西方
文學翻譯。尤其是在西方文學翻譯工作上，由於他不懂任何外語，一
生卻翻譯兩百餘篇西方文學作品，被尊稱爲「譯界之王」。由於他致
力於譯介西方文學著作，擴展了中國人的視野，更促進中國現代文學
的革新。

他雖不懂外語，不能讀原著，但卻與朋友王壽昌、魏易、王慶
驥、王慶通等人合作，譯介英、法、美、比、俄、挪威、瑞士、希
臘、日本和西班牙等十幾個國家之名家作品。其一生譯著豐盛，翻譯

---

15 張俊才（2007），《林紓評傳》，北京：中華書局，頁31。

16 張俊才（2007），《林紓評傳》，北京：中華書局，頁29。

量多達二百餘種，爲中國近代翻譯界所少見，更因其以古文翻譯西方文學，爲其譯作之特色。雖然林紓堅持使用古文體翻譯外國小說，但卻不減他在翻譯文學上的評價。他更在家鄉與好友陳寶琛、福州永泰銀行老闆力鈞等人合辦福州第一所新制學堂，要改革傳統中國陳舊迂腐的教育。林紓用畢生心力於福州創建新制教育，盼從教育著手，提振中國人團結心與愛國心，更因此藉由新制學堂，振興教育欲達改革傳統教育弊端，促使中國強盛起來。

表3-1　林紓生平年譜彙表

時間	生平事蹟
咸豐二年（1852）	十一月八日，出生於福建閩縣蓮塘村（今福建省福州市）商人世家。他本名群玉，又名秉輝。
咸豐四年（1854）	他的父親移轉業務到台灣發展。林紓此階段開始鑽研中國經典。
咸豐六年（1856）	他在叔叔郭斌的書庫發現及讀史記，這使他對中國古典詩歌和文學產生了興趣。
咸豐七年（1857）	他藉自修完成包括毛詩、尚書和左傳……等修讀。
咸豐八年（1858）	他的家人選擇劉有棻之女劉瓊姿完成訂親。
同治九年（1870）	他與劉有棻之女劉瓊姿完婚。
同治十年（1871）	該年他祖父、祖母及父親相繼過世。
同治十二年（1873）	為維持家庭生計，他開始在家鄉從事教育工作。
光緒九年（1883）	至閩江參加該年科舉考試。
光緒十年（1884）	至北京參加進士考試，未錄取。

表3-1　林紓生平年譜彙表（續）

時間	生平事蹟
光緒十三年 （1887）	至北京參加禮部科舉，未錄取。
光緒十五至十八年 （1889-1892）	於福州龍潭精舍研究及辦講座。
光緒十六年 （1890）	至北京參加禮部科舉，未錄取。
光緒十七年 （1891）	三月至北京參加禮部科舉，未錄取。
光緒十九年 （1893）	至北京參加禮部科舉，未錄取。
光緒二十二年 （1896）	至北京第六次參加禮部科舉，未錄取。
光緒二十四年 （1898）	三月林紓的第一任妻子生病。他搬離南台蒼霞洲的住所。林紓的故居後由林紓與福州仕紳合建為蒼霞精舍。 該年夏天他妻子去世，林紓得了抑鬱症。他與精通法文的王壽昌合譯法國小仲馬之作《巴黎茶花女遺事》。
光緒二十五年 （1899）	林紓娶第二任妻子。
光緒二十六年 （1900）	林紓應陳希賢邀請到杭州東城書院教書。 四月二十九日，林紓的女兒林雪逝世（1874-1900）。
光緒二十九年 （1903）	他在譯林出版社擔任翻譯監督工作。 他翻譯斯托夫人所著《黑奴籲天錄》。 同年秋天，他舉家搬至北京並在京台書院任教。

表3-1 林紓生平年譜彙表（續）

時間	生平事蹟
光緒三十年 （1904）	他在陳壁所辦北京五城中學堂任教。與嚴復、吳汝綸合作翻譯工作。同年十二月在京師大學堂編譯局擔任翻譯工作。
宣統二年（1910）	林紓除在北京大學堂任教外，也在高等工業學院、高等實業學堂及福建閩學堂任教。
民國元年（1912）	與鄭孝胥、陳寶琛、胡思敬加入辛亥詩社。該年十一月與全家移居天津英租界。
民國二年（1913）	林紓與蔡元培合辦《進化雜誌》。該年十月林紓帶著他的家人遷回北京。
民國三年（1914）	林紓離開北京大學。
民國四年（1915）	林紓拒絕北京政府給他「名譽纂修」一職。
民國七年（1918）	七月五日，林紓將全家再度搬至天津，但他本人仍留在北京。
民國十年（1921）	五月林紓加入中國畫學研究會。
民國十一年 （1922）	林紓與潘之博、梁鴻志、林思進、趙熙、陳衍、胡思敬、陳寶琛、鄭孝胥、毛廣生、曾西京及文蘇溫肅參加於北京法源寺所辦詩歌會議。該年冬天，林紓停止一切翻譯工作。
民國十二年 （1923）	擔任孔教大學講師。 林紓生病。
民國十三年 （1924）	六月二十日，他在孔教大學參加他的最後一次會議。 八月二十六日晚上，林紓因心臟衰竭感到身體不適昏倒。 八月二十八日他意識到即將死亡，寫下了自己的墓誌銘。

表3-1　林紓生平年譜彙表（續）

時間	生平事蹟
	九月二十九日林紓病情惡化，他開始絕食。身體拒絕食物和飲料。 十月八日林紓已經無法吃飯或說話，他對他子女寫其遺言：「古文萬無滅亡之理，其勿怠爾修」。 十月九日林紓於凌晨早上二點左右在北京住所過世。

資料來源：張旭、車樹升編著（2014），《林紓年譜長編》，福建：福建教育出版社。

第二節　陳寶琛的生平

壹、一生過程

　　陳寶琛為福建閩縣（今福州市）螺洲人，生於道光二十八年（1848），原字長庵，改字伯潛，號搜庵，又號橘隱，晚號滄趣老人、聽水老人。曾祖父陳若霖曾官至刑部尚書。生而英敏的陳寶琛於同治七年（1868）二十一歲中進士，官至內閣學士、禮部侍郎、學堂監督，甚至擔任宣統帝師，就其人生歷程而言，幾乎與教育結下不解之緣。同治十二年（1873）派任順天鄉試同考官，光緒元年（1875）擢翰林侍讀，並與學士張佩綸、左庶子張之洞、侍郎寶廷等好論時政，合稱「清流四諫」，又稱「樞廷四諫官」。光緒五年（1879）升

任甘肅鄉試正考官，光緒六年（1880）授右春坊右庶子及武英殿協修、纂修、總纂、提調國史館與功臣館協修、纂修。同年陳寶琛上摺對當時洋務、外交人員的選拔，在制度上予以抨擊革新，並建議在曾經留洋之學生中及曾經辦洋務之府縣官員中選出適當人選。

光緒七年（1881）授侍講學士，次年光緒八年（1882）簡放江西鄉試正考官，不久轉任江西學政。在江西學政任期間，對科舉積弊嚴加整頓，並重修白鹿洞書院。光緒十年（1884）上疏請募勇參用西法教練，主張「變法以盡利，任人以責實，籌餉以持久」。[17]中法戰爭失利，受牽連，被降五級，回鄉閉門讀書，修葺先祖「賜書樓」，構築「滄趣樓」；光緒二十五年（1899），任鼇峰書院山長；光緒三十一年（1905），任福建鐵路總辦，修建漳廈鐵路，並任福建高等學堂（今福州第一中學）監督；光緒三十三年（1907）創立全閩師範學堂（今福建師範大學）。陳寶琛於宣統元年（1909）奉召入京，擔任禮學館總纂大臣。宣統三年（1911），陳寶琛在毓慶宮行走，任溥儀老師，賜紫禁城騎馬。後繼任漢軍副都統、弼德院顧問大臣。民國元年（1912）清帝遜位，仍追隨溥儀，命修德宗實錄。民國十年（1921），修成《德宗本紀》，授太傅。民國十二年（1923），引薦鄭孝胥入宮。民國十四年（1925），隨溥儀移居天津。民國二十一年（1932），滿洲國成立，專程赴長春探望溥儀，拒受偽職。民國二十四年（1935）三月五日，病逝於北平住處。

---

17 陳三立（1985），〈贈太師陳文忠公墓誌銘〉，《清朝碑傳全集第五冊》，京都：日本中文出版社，頁4004-4005。

貳、青年才俊，忠心愛國

陳寶琛十二歲時得秀才，十七歲時中舉人，二十歲時中進士，選翰林院庶吉士，二十一歲翰林散館考試後，授翰林院編修，二十七歲時被拔擢爲翰林院侍講，充順天鄉試同考官。三十一歲時充甘肅鄉試正主考官。三十二歲時，任侍講充日講起居注官，繼授右春坊右庶子。三十三歲授翰林院侍講學士，三十四歲充江西鄉試正考官；授江西省學政。三十五歲授內閣學士兼禮部侍郎。三十六歲任會辦南洋事宜大臣專折奏事。總覽其經歷，陳寶琛從二十歲中進士，十六年間爬升迅速至「會辦南洋事宜大臣專折奏事」，可謂是少年科第仕途順遂的人生優勝組。仕途雖是如此平順，但陳寶琛仍以「澄清天下，致君堯舜」爲其爲官之風骨。在陳衍撰寫《陳寶琛傳》內文寫道：

> 初，寶琛以詞林職在文學，博覽群書，辭賦翹然異眾，願大臣習於庸靡，轉不予典試督學差使。及居講職，見中興日久，朝綱漸墮，外患亦日急，樞臣僅有高陽李鴻藻守正不阿，因與宗室寶廷、瑞安黃體芳、南皮張之洞、豐潤張佩綸，奮發言事，慨然有澄清之志，天下想望豐采，號爲「清流」。寶琛所論列，若伊犁廢約、琉球外屬、籌關東、設官用人、台灣巡守及開山防海、陳洋務六事、固越二策，又如星變陳言，請嚴貴近察典，劾中外不職大臣、原盛京副都統富升之罰、斥琦善專祠之請，其他論故督江寧三牌樓之疑

獄、舉舊相間敬銘之清操，皆國家大計正義之所在。[18]

　　陳寶琛的憂心國事，敢言敢諫，可反映在上達的章疏中。茲舉光緒六年（1880）「庚辰午門案」為例說明。光緒六年，慈禧太后所信任的太監李三順，違例直出午門，值班守衛的護軍按規定不肯放行。李三順回見慈禧卻報說他遭護軍毆打，慈禧當時有病在休息，即請求慈安重辦這一案，並要求殺此護軍，如不所願，慈禧稱她就不願活下去，慈安遂以慈禧之意下旨，將此案交刑部同內務部審辦，並面諭刑部尚書必殺護軍。此一案在當時受朝野重視，但此時朝中竟沒有一人甘冒丟官殺頭的「危險」入諫，只有陳寶琛獨排眾議，反對治罪護軍。他瞭解案情後，上疏力爭，諾護軍獲罪，則「以後凡遇太監出入，但據口稱奉只有中旨蓋即放行，再不敢詳細盤查，以別其真偽，是有護軍與無護軍同，是有門禁與無門禁同。」他並引嘉慶年間太監引賊入宮內、乾隆年間太監盜竊庫銀事為例，指出「此輩闍侍，豈盡馴良」不可開其驕橫之漸。慈禧見疏，只好將護軍減刑，免其死罪，並將李三順交慎刑司打三十大板，以結此案。[19]

　　又如其上呈之「1878年伊犁事件」疏，亦可見其公正不阿的個性。伊犁事件於光緒四年（1878）清廷派都察院左都御史崇厚出使俄

18　張旭、李述昇、任界編著（2017），《陳寶琛年譜》，福建：福建人民出版社，頁647。

19　趙妮娜、陳翔合著（2014），《儒紳陳寶琛》，桂林：廣西師範大學出版社，頁16-18。

國談判，欲索還爲俄國所強占的伊犁。但身爲滿清貴族崇厚在俄國的威脅和愚弄下，竟於光緒五年（1879）擅自與俄國簽訂喪權辱國的「里瓦幾亞條約」，消息傳開後，全國輿論譁然，清政府將崇厚革職問審，最後判定崇厚「斬監候」。但此時，清廷政府竟屈服俄國的外交抗議和武力恫嚇，將崇厚「免罪」開釋。陳寶琛不滿此事件，於是與張之洞先後提奏彈劾，請誅崇厚，與俄毀「里瓦幾亞條約」。陳寶琛在上疏中沉痛陳述：「在強鄰要脅下，太阿旁落，朝令夕更……恥辱四夷，蒙譏萬世」，並要求清廷對誤事辱國的崇厚處「宜服人臣不赦之極刑」，並對軍機處總理各國事務大臣也應該量予「遲延貽誤之咎」之處分。但最後清廷沒有採納其建議。[20]

此外，在江西學政任內，他以違法殃民、招權納賄、辦案不公、結怨釀患等罪名奏參江西寧都直隸州韓懿章、候補知府榮綬、九江知府達春布、吉安知府鐘珂等，使他們遭革職處分，並連同江西巡撫亦受到朝旨申斥。[21]從上述之事例，讓我們瞭解陳寶琛爲了公平正義，爲了澄清吏治，不畏權勢，無視自身安危，上疏參奏不法之事及不稱職之官員。在此證明陳寶琛愛國愛民及其爲眞理擇善固執之原則。

---

20 趙妮娜、陳翔合著（2014），《儒紳陳寶琛》，桂林：廣西師範大學出版社，頁16-18。

21 趙妮娜、陳翔合著（2014），《儒紳陳寶琛》，桂林：廣西師範大學出版社，頁16-18。

參、治學根本與教育理念

陳寶琛推崇漢學，曾上摺將明末清初大儒黃宗羲、顧炎武從祀文廟。他強調「學惟世用，用貴適時」[22]之人生哲學。更可貴的是，他非常注重「夷情」，對西方文化沒有一般傳統士大夫排外的偏執，他瞭解中西文化交流與中西教育傳承的重要性，並予以支持。他出身於官宦世家，少年時即從名師，飽讀詩書。父親陳承裘是一位樂善好施、憂國憂民、重視教育發展之地方儒者。陳父讓他「教鄉人紡織，仿社倉意為平糶，修社學設義塾以課鄉族子弟」，[23]並教導他「吾少常慕范文正之所為，今老矣。汝勿以小善為無益也。當今急務亦孰有先於教養者」。[24]也或許在陳父身行薰陶下，陳寶琛非常重視教育創建與發展。

光緒十年（1884），陳寶琛三十六歲，因「法侵越事件」受牽連而罷官，謫居回籍福州。在福州謫居的二十五年間，興辦新制學堂是陳寶琛另一重大人生成就。光緒二十四年（1898），時年五十歲的他擔任福州鰲峰書院山長（校長），光緒二十六年（1900）陳寶琛在福州烏石山創辦東文學堂。該校設立之目的是為了派學生留學日本而預做準備，專授日文，其為福建第一所新制學堂。光緒二十八年（1902），陳寶琛為培育基礎教育之小學師資，改制東文學堂為全閩

22 陳寶琛（2006），《滄趣樓文存（下）》，上海：上海古籍出版社，頁67。
23 陳寶琛（2006），《滄趣樓文存（下）》，上海：上海古籍出版社，頁21。
24 陳寶琛（2006），《滄趣樓文存（下）》，上海：上海古籍出版社，頁67。

師範學堂（今福建師範大學），並任該校第一屆監督（校長），在校內開辦簡易科，並出錢資助速成師範學生進入日本位居東京等學校學習，待他們畢業回國後，能應急興辦新制教育所需師資。當時福建省政府在福州創辦福建高等學堂，陳寶琛也被邀聘爲該校的監督（校長）。而後陳寶琛也陸續開辦法政學堂、商業學堂等新制學堂，並在福建省各地興辦中小新制學堂，還奏請福建省規劃留學歐美等國公費留學生之名額與選派制度，可說爲福建省之新制教育興辦奠定基礎。

陳寶琛後被推辦總理福建鐵路興建之事宜。他悉心籌劃，撰寫章程，將籌建單位定名爲「福建全省鐵路有限公司」，並親赴東南亞，向當地華僑募款，以備籌建鐵路之需。他大力建議興辦一所培養鐵路專業的新制學堂，而後在上海成立「四省路礦學堂」（今上海交通大學前身）。

肆、保皇帝師，忠信愛國

宣統三年（1911），陳寶琛被任命爲溥儀的「帝師」。該年也是武昌起義建立中華民國之辛亥年。對於陳寶琛來說，「帝師」的尊稱是重任更是榮耀。其在之前福州謫居的二十五年間，陳寶琛努力興辦新制學堂、興建鐵路與興辦洋務，可說是去舊迎新之改革派。但在成爲「帝師」之後的二十四年裡，陳寶琛囿於帝師身分，對國事主張與判斷有著重大轉折，這位帝師成爲捍衛帝制之「保皇派」。溥儀在回憶錄中對陳寶琛有這樣的描述：

> 在我身邊的遺老之中，他（陳寶琛）是最稱穩健謹慎的一
> 個。當時在我的眼中，他是最忠實於我，最忠於大清的。在
> 我感到他的謹慎已經妨礙了我之前，他是我唯一的智囊。事
> 無巨細，咸待一言決焉。[25]

溥儀寫的第一副對聯，就是寫給陳寶琛的祝壽聯。由此可見，溥儀和陳寶琛倆師生感情厚重。民國二年（1913）二月十二日溥儀退位，友人力勸陳寶琛退休離開，但他卻決定留在溥儀身邊，繼續做他的老師。民國十四年（1925）馮玉祥將溥儀逐出皇宮，陳寶琛還是不離不棄，攜家帶眷賃屋於天津，日日不間斷去陪伴居住在天津「張園」的溥儀，續爲帝師並爲他的智囊。在當時現實環境下，陳寶琛不得不與勞力宣、曾習莛、劉廷琛等人組織「帝國憲政實進會」，並擔任會長。雖欲恢復專制君主制度，但是他的初衷就是要爲他的學生在君主立憲環境中有出路，他眞正在意的是讓他學生重登龍座。輿論說陳寶琛是保皇派，眞正要說的是他是「保溥儀」。

民國二十年（1931）十一月十日，溥儀密赴東北，而陳寶琛竟是他列爲保密之對象。令陳寶琛難過的，不是因爲溥儀不跟他說要去東北之事，而是傷心溥儀不聽他勸阻，執意要聽從日本軍閥安排。民國二十一年（1932）一月二十四日，年高八十四歲的陳寶琛在隆多

---

25 趙妮娜、陳翔合著（2014），《儒紳陳寶琛》，桂林：廣西師範大學出版社，頁129。

季節，在兒子和侄子的陪伴下，從天津北上大連、旅順尋找溥儀，但因為鄭孝胥的欺騙與阻攔，折騰於大連及旅順兩地，最終雖是見到溥儀，陳寶琛苦勸溥儀「不可」建立滿洲國，但溥儀執意不聽勸，師生倆終是不歡而散。民國二十一年（1932）二月四日，陳寶琛返回天津，一個月後溥儀執政偽滿洲國成立。陳寶琛的第二次赴東北，在民國二十一年（1932）十月八日，從天津港乘船到大連，第二天再轉火車抵達長春。這一次在長春住了兩個多月，多次與溥儀見面，日本人更提出「太傅」職務給當時沒有多少財產的陳寶琛，他雖然內心是想跟著溥儀，但最終沒有接受。而後令日本人更生氣的是陳寶琛在當地一家報社求字，他寫下「旁觀者清」。又在長春這段期間，夜裡，日本人指派的殺手持刃對陳寶琛說：「我看你老了不忍加害，你快走吧！」年過八十幾的陳寶琛只有對刺客微笑，而這事後，他還是繼續留在長春。民國二十二年（1933）十一月八日，這次是他第三次到長春找溥儀，也是他最後一次去東北勸阻溥儀。

這三次去東北，陳寶琛自始至終反對溥儀「執政偽滿洲」，而他是自始至終回絕不參與「偽滿洲政務」。從溥儀去東北到陳寶琛去世之間，陳寶琛頻繁地以書信和溥儀聯繫，從「溥儀私藏偽滿祕檔」[26]可以知道，陳寶琛平均一個月以一封以上的長篇書信，努力規勸溥儀要自治、要主權、要獨立；更希望他離開偽滿，去找軍閥合作，希望

---

26 趙妮娜、陳翔合著（1988），《儒紳陳寶琛》，桂林：廣西師範大學出版社，頁144。

他能與軍閥聯手建立起中國人自己的武裝軍隊。但陳寶琛早已知道，他最在意的學生溥儀沒有意願，更不會辭掉偽滿政權執政。隔年陳寶琛就在心繫國家，口念「時局何以爲繼」[27]的嚴重咳喘中過世於北京。

綜其一生，在清末教育改革時代，陳寶琛贊成追求西方先進知識，他支持中西方文化交流。二十一歲中進士，爲官至內閣學士，禮部侍郎；後爲書院山長；爲學堂監督；甚爲宣統帝師，可以說他一生豐富經歷幾乎與教育結下不解之緣。他熟諳科學教育的重要，所以主張重視職業教育培養，以培育西方先進產業實務人才。在晚清新政改革時代，他是傾向改革，是支持新政，所以他雖被免官在家，卻在家鄉福州專注新制教育事業發展，領導與創辦福建省新制學堂，爲家鄉福建新制教育體制立下堅固基礎。

雖然他是保皇派，卻忠心愛國，心繫國家安危，以他當時八十多歲老邁之軀，力勸阻溥儀不要叛國屈服日本，不要任偽滿洲國皇帝，雖然最終失敗。他擇善固執努力規勸，撐到命在旦夕仍口念「時局何以爲繼」。謫居二十五年間，他建構新制教育體制，努力貢獻，在近代福建新制教育發展歷史上，有其重要不可磨滅的地位。

---

27 趙妮娜、陳翔合著（1988），《儒紳陳寶琛》，桂林：廣西師範大學出版社，頁141-143。

表3-2 陳寶琛生平年譜彙表

時間	生平事蹟
道光二十八年（1848）	九月二十一日出生福建省閩縣螺洲鄉後門埕裡第。
同治四年（1865）	參加福建省甲子鄉試，通過舉人。
同治七年（1868）	中進士，選為翰林院庶起士，授編修。陳寶琛兄弟六人，三人進士，三人舉人，眾稱「兄弟六科甲」。 該年於北京與王眉壽結婚。
光緒元年（1875）	該年被擢翰林侍讀，與左庶子張之洞、侍講學士張佩綸、宗室侍郎寶廷情深義篤，結為知交。他們四人「崖岸自高，不避權貴」、「瀟灑倜儻，風采赫然」，以「激濁揚清」、「清明政治」為抱負，於當時聞名朝野之「樞廷四諫官」。
光緒六年（1880）	充武英殿提調官。翌年，授翰林院侍講學士，纂修《穆宗本紀》。
光緒八年（1882）	派任江西學政，並重修白鹿洞書院。
光緒十年（1884）	上疏「請募勇參用西法教練」主張「變化以盡利，任人以責實，籌餉以持久」，該年中法戰爭清廷失敗，他受牽連，被降五級，回福建家鄉閉門讀書，修葺先祖「賜書樓」，建構「滄趣樓」。
光緒二十五年（1899）	任鼇峰書院山長。
光緒三十一年（1905）	出任福建省鐵路總辦，修建漳廈鐵路。
宣統元年（1909）	奉召入京，任禮學館總纂大臣。

表3-2　陳寶琛生平年譜彙表（續）

時間	生平事蹟
宣統三年（1911）	陳寶琛擔任溥儀老師，賜紫禁城騎馬。該年還曾任資政院議員。
民國元年（1912）	二月十二日，清帝溥儀遜位，追隨溥儀。命修《德宗實錄》。
民國三年（1914）	溥儀諭旨賞其文職頭品頂戴，賞食頭品俸。
民國四年（1915）	十二月十二日，袁世凱稱帝，他罵袁世凱是「元兇大憝」、「自作孽；必不得善終」。
民國五年（1916）	十月九日，完成《德宗景皇帝本紀》。
民國十年（1921）	完修成《德宗本紀》，被授為太傅。
民國十二年（1923）	引薦鄭孝胥入宮。張勳復辟時，推舉為議政大臣。該年二月清皇室賜紫及御書「示我周行」匾額。
民國十三年（1924）	十月九日，馮玉祥派軍驅逐溥儀出故宮，溥儀移居醇王府，十一月三日陳寶琛與莊士敦陪同溥儀暫避德國醫院。
民國十四年（1925）	國父孫中山過世，陳寶琛移居津沽。
民國十六年（1927）	陳寶琛八十歲生日，清皇室賜御書「台袞崇厘」匾額。該年他完成〈天津致勝方舟偶占〉之詩作。
民國二十年（1931）	日本發動九一八事變，日占領東三省，溥儀隨鄭孝胥父子赴旅順有意稱帝滿洲國，陳寶琛立即趕赴旅順勸阻溥儀，後失敗返回天津。

表3-2 陳寶琛生平年譜彙表（續）

時間	生平事蹟
民國二十四年 （1935）	一月，患急性肺炎急入德國醫院，但急救無效，返回寓所，臨終前自語：「此局何以為繼，求為陸秀夫而不可得」，三月五日病逝於天津，得壽八十八歲。喪聞，溥儀震悼，賜奠醊，賜祭一壇，特諡「文忠」，晉贈太師，賞給陀羅經被，賞銀九千元治喪葬。十二月移葬與妻合葬福建馬尾君竹山。

資料來源：陳光輝編著（2012），《末代帝師陳寶琛》，福建：海峽出版社。

第三節　嚴復的生平

壹、成長過程

　　嚴復，咸豐三年（1853）一月八日生於福建侯官縣（今福州市）。原名嚴傳初，乳名體乾，易名宗光，名體幹，字又陵，後名復，字幾道，晚號愈壄老人，別號尊疑尺庵，別署天演宗哲學家。民國時期，因侯官併入閩縣，所以又被尊稱為「閩侯」。嚴復成長於儒醫家庭，接受中國傳統教育。他於同治六年（1867）考進福州船政學堂學習駕船，後以最優等成績畢業。光緒四年（1878）與方伯謙等人赴英國格林威治皇家海軍學院（Royal Naval College, Greenwich）進修，以優等成績畢業。他在英國求學期間，除了學校規定的專業課程

認眞學習外，更留心探討西方社會富強的眞理，研究西方社會科學。
嚴復有系統地將西方的社會學、政治學、政治經濟學、哲學和自然
科學著作介紹到中國。他翻譯了《天演論》、《原富》、《群學肄
言》、《群己權界論》、《社會通詮》、《法意》、《名學淺說》、
《穆勒名學》等著作。他的翻譯考究、嚴謹，每個譯稱都經深思熟
慮。他提出的「信、達、雅」的翻譯標準，對往後中國的翻譯學產生
深遠影響，而他的譯著更對當時中國社會尤其是在知識界影響很深，
所以可以說嚴復是中國境內二十世紀啓蒙中國的最重要近代思想家及
翻譯家。

　　侯官位於福建省東南邊，在晚清崛起一批知名之人物，他們在
各領域有其出色表現成就，如林則徐、沈葆楨、林紓、林覺民、林
旭、方聲洞、林永升、薩鎮冰等，故當時人有「晚清風流出侯官」之
說。[28]嚴復父親嚴振先繼承祖業，在鄉間行醫，家中育有四名子女；
嚴復之兄早夭，其下有兩妹。嚴復自幼聰慧，且富好奇心，在王蘧常
所著《嚴幾道年譜——嚴復研究資料》中有則其童年的記載：

> 五歲時，鄰有鑿井，架高丈余，先生竊登之。俯視井底，大
> 呼圓哉！圓哉！陳太夫人聞而出視，大驚，恐其懼而下墜
> 也，不敢斥言。遂佯為驚狀而言曰：「兒能眞過人，如憑梯

---

[28] 歐陽哲生（2010），《嚴復評傳》，南昌：百花洲文藝出版社，頁2。

下則更能矣。」及下，始笞責之。[29]

可見嚴復從小即膽大無懼，勇於嘗新。嚴復早熟，父親望子成龍，對他期望高，嚴父煞費苦心督促他的學業，以期通過科舉的途徑獲取功名，為嚴家帶來榮耀。嚴復七歲進入私塾讀書，跟五叔嚴厚甫及地方幾位有名望者宿學習。嚴厚甫是位儒生，他培養嚴復，期望他走上科舉之途。教學課程重《大學》、《中庸》等儒學經典，但嚴復對其教學感到枯燥乏味。同治二年（1863），嚴父改請另位「為學漢宋並重」的宿儒黃少岩執教，黃少岩先生傳統學術素養深厚，課程教授之餘，喜歡講述明代東林黨歷史，將其經世致用之觀念與其學生分享，嚴復喜歡他的教學，更敬重這位老師。兩年後，黃少岩先生過世，嚴復續與其子黃孟侑學習。嚴復資質聰慧，勤奮讀書，詞采富逸，加諸早年苦讀奮學，更為他打下雄厚漢學基礎。

貳、家貧就讀船政學堂

好景不常，同治五年（1866）七月，嚴復父親因霍亂病逝，家庭頓失經濟支柱，全靠母親做女紅來維持家計。嚴復後為一幅「籌燈紡織圖」題寫短詩，有感憶起兒少時期那段艱苦生活。其文曰：

---

[29] 王蘧常（1990），《嚴幾道年譜——嚴復研究資料》，福州：海峽文藝出版社，頁126。

我生十四齡，阿父即見背。家貧有質券，賸錢不充債。陟崗
則無兄，同谷歌有妹。慈母於此時，十指作耕來。上掩先人
骸，下撫兒女大。富貧生死間，飽閱親知態。門戶支已難，
往往遭無賴。五更寡婦哭，聞者癉心肺。[30]

同治五年（1866），時任閩浙總督左宗棠於福州馬尾船廠設立新
制學堂——船政學堂。依據船政學堂章程規定：「凡錄取的學生，伙
食費全免，另外還每月給銀四兩，貼補家庭費用。三個月考試一次，
成績列一等者，可領賞銀十元。五年畢業後，不僅可以在清政府中得
到一份差使，還可參照從外國請來的職工標準給予優惠待遇。」[31]船
政學堂這樣優渥的條件，首招就吸引許多優秀學生來報考，而此時，
喪父全靠母親做女紅來維持家計的嚴復，以新生入學考試第一名錄
取。同治六年（1867），在入學前他先娶妻王氏成家，入學後他改名
嚴宗光、字又陵。在學五年，於同治十年（1871）以最優等成績畢
業。福州船政學堂五年學習生活，嚴復在〈海軍大事記弁言〉寫道：

不佞年十有五，則應募為海軍生。當是時，馬江船司空草創
未就，借城南定光寺為學舍。同學僅百人，學旁行書算。
其中晨夜伊毗之聲與梵唄相答。距今五十許年，當時同學略

---

30 嚴復（1986），〈為周養庵題籌燈紡織圖〉，見王栻，《嚴復集（二）》，
北京：中華書局，頁388-389。

31 歐陽哲生（2010），《嚴復評傳》，南昌：百花洲文藝出版社，頁5。

盡，屈指殆無一二存者。回首前塵，塔影山光，時猶呈現於
吾夢寐間也。已而移居馬江之後學堂。[32]

畢業後，嚴復被派到軍艦上實習，隨艦南至新加坡、馬來西亞，
北至渤海灣、遼東灣及日本各地。而後日本侵台，嚴復隨沈葆楨入
台丈量台灣東岸各海口。日本侵台，軟弱清廷迫於西方列強壓力，竟
與日簽訂「台事專條」，以撫恤及修理房屋道路等名義賠日本五十萬
兩，換取日撤軍。工作五年後，嚴復被選派至英國留學。這段在清廷
海軍的經歷，其在〈海軍大事記弁言〉中，敘述如下：

卒業，旋登建威帆船、揚武輪船為實習，北逾遼渤，東環日
本，南暨馬來、息叻、呂宋，中間又被檄赴台灣之背眄、來
蘇澳，咸與繪圖以歸，最後乃遊英之海軍大學。[33]

參、留學英國吸收西方學術精華

嚴復在英國格林威治皇家海軍學院二年學習期間，跟以往一樣，
努力用功學習西方先進的現代科學及英語。在中國駐英大使郭嵩燾所
著《倫敦與巴黎日記》內文寫道：

---

[32] 嚴復（1918），〈海軍大事記弁言〉，見王栻，《嚴復集（二）》，北京：
中華書局，頁352。

[33] 嚴復（1918），〈海軍大事記弁言〉，見王栻，《嚴復集（二）》，北京：
中華書局，頁352。

西元一八七八年三月七日，嚴復與幾位留學生被邀到清政府
駐英使館處，出席宴會。宴席間，嚴復「議論縱橫」，大
談科學發現，從「光速而聲遲」到鐘錶機械原理，到「洋人
駕船皆以南北緯度的斜取風力」的道理，給在場的人留下了
深刻的印象。同年四月二十九日，嚴復又對來學院看望的李
丹崖等清朝官員「演示摩擦生電」，並且探究「西洋學術之
精深」的原理在於注重基礎科學：「數學和重學」。五月二
日，留英學生向李丹崖出示各自的留學日記，嚴復出示《漚
舸紀經》內中記錄的又是光、熱、空氣、水和運動，談論兵
船發展之趨勢、鐵船之弊等，凝注了嚴復對近代科學研究的
心血。[34]

　　從上述可知道在英國求學期間，嚴復努力奮發學習，也可以從該
文得知嚴復將西方先進科學之事學習得很紮實與透澈。在留學英國
時期，嚴復更注重他自己英文能力的提升。在英兩年時間，他英文水
準快速提升，當時駐英大使郭嵩燾稱讚嚴復的英文水準是「勝於譯
員」；爾後，郭嵩燾每次需與英國官員會談和見面時，都會邀嚴復一
同前赴。這樣的機會使精通英文的嚴復「如魚得水」，也由於此，嚴
復可以自由任意博覽群書或與英國學者交流，更使他在那段期間，快
速吸收當時英國最新各類社會思潮和科學理論；也於此，他廣泛接觸

---

[34] 郭嵩燾（1984），《倫敦與巴黎日記》，長沙：岳麓書社，頁586-589。

當時英國資本主義相關學術理論，當然也打下「英譯漢」的雄厚基礎能力，進而有利於回中國後，編譯《天演論》及其他西方科學理論之論著。

肆、治學根本與教育理念

在光緒六年（1880）嚴復從英國留學回國後，先回福州船政學堂任教，並先後在北洋水師學堂、安徽高等學堂、復旦公學以及北京大學等校任教，並主持校務發展。光緒七年（1881），嚴復被李鴻章調到北洋水師學堂，擔任總教習（相當於現學制之教務主任），實際工作是總辦（相當於校長）的工作。光緒十六年（1890）被命為北洋水師學堂會辦，翌年升為總辦。當時李鴻章為北洋大臣，雖對外公布有關北洋水師學堂的規定、章程；但有關學堂的校務經營管理，例如招生、學習課程設計、學生行為管理等事務，實際上都是由嚴復全權負責。光緒三十二年（1906）四月五日，嚴復自上海赴安慶就任安徽高等學堂監督之職，他對安徽高等學堂為他召開之歡迎會分外感動，決心對於校務進行一番大刀闊斧的改革。雖在經營安徽高等學堂期間，受到光緒三十三年（1907）該校學潮的批評與攻擊，正如皮後鋒於〈嚴復的教育生涯〉所論：「由上述分析可知，安徽高等學堂這次學潮的起因，主要在於嚴復的管理方法及其個人的弱點，學潮本身並無政治目的和進步意義。相反，反對嚴格考試和要求提前發給

文憑，在某種程度上表現爲一種惰性，無足稱道。」[35]光緒三十二年（1906），復旦公學聘請嚴復等二十八位仕紳爲校董，協助學校管理，同年八月嚴復領銜公告爲學校募款，翌年接任校長，對學校進行革新。民國元年（1912），受袁世凱任命爲京師大學堂總監督，嚴復掌管該校後，利用借款解決了辦學經費短缺問題，並調整學校課程結構與人事安排，該年五月京師大學堂正式更名爲「北京大學」，總監督改名稱爲校長。掌管北大期間內，嚴復承受到許多流言蜚語的攻擊，令他苦惱不已，認爲這些謠言應爲教育部內部所爲，意在排擠他。民國元年（1912）五月十六日，他再辭職沒成，又於該年十月，因事先已知教育部要撤換北京大學校長，他主動辭職，結束嚴復教育行政生涯。

　　在仕途不順，科舉失敗的嚴復，在北洋水師學堂教書的日子裡，不間斷繼續撰讀西方社會科學名著。光緒七年（1881），嚴復精讀完英國學者斯賓塞（Herbert Spencer）所著《社會學研究》（*Study of Sociology*），他將之譯爲《群學肄言》；這本書讓嚴復對「社會達爾文主義」有深入瞭解，更有助於他在翻譯此書之「眞確」性。在〈譯於贅語〉中，嚴復回憶閱讀斯賓塞此書，體會感言寫道：

　　不佞讀此在光緒七、八之交，輒嘆得未曾有。生平好爲獨往偏至之論，爲此始悟其非，以爲其書實兼《大學》、《中

---

[35] 皮后鋒（2000），〈嚴復的教育生涯〉，《史學月刊》，南京：江蘇省社會科學院現代研究中心，頁57-58。

庸》「精義，而出之以翔實，以格致誠正為治平根本矣。每
持一義，又必使之無過不及之差，於近世新舊兩家學者，尤
為對病之藥，雖引喻發揮，繁富吊詭，顧按脈尋流，其意未
嘗晦也。」其「繕性」以下三篇，真西學正法眼藏，智育之
業，舍此莫由。斯賓塞氏此書，正不僅為群學導先路也。[36]

　　由上所述，我們知道斯賓塞理論對嚴復日後思想軌跡發展有著極
重要影響力。在讀斯賓塞的著作以前，嚴復嘗言「生平獨往偏至之
論」，而《群學肄言》一書，則「實兼大學中庸精義」，[37]或許他已
有認識到，西方科學的高度倫理性的基礎，可以提高「蠻夷之學」在
充滿敵意的傳統士大夫心目中的地位，可以有助於西學在中國的傳
輸。因此，他不僅肯定斯賓塞的思想與中國儒家經典「四書」有其相
同之處，兩者之間並不矛盾，而且他還力圖證明，真實的知識恰恰是
要運用西方科學方法發現的知識。[38]

　　嚴復在年少福州船政學堂學習時期及後來留學英國所習得西方現
代自然與社會科學知識，再加上擁有精深國學與英文能力，使他在吸
收西方現代先進知識，除了表面上的知識學習外，更能讓他深入體會
理論更深層意義，這讓嚴復瞭解中西知識如何「異中求同」，藉此提
升中國人之知識文化層次。就如上所述：「貫穿著理性精神的西方科

---

36 歐陽哲生（2010），《嚴復評傳》，南昌：百花洲文藝出版社，頁21。

37 歐陽哲生（2010），《嚴復評傳》，南昌：百花洲文藝出版社，頁22。

38 歐陽哲生（2010），《嚴復評傳》，南昌：百花洲文藝出版社，頁22。

學蘊含了道德的品格，堅持了《中庸》中所追求的『中庸』之道。」
他在斯賓塞的理論裡找到了解開西方「成功」的線索，更理解西方科
學方法和現代西方強國強種文明如何聯繫之根源，更為嚴復的日後中
國變法改革思想之理論重要基礎。

　　嚴復是中國近代歷史上一位偉大的啟蒙思想家及教育家。當時，
中國處於歷史鉅變的時代，對於處於領導先進知識風潮前端的他，
將當時西方社會學、政治學、經濟學、哲學及自然科學有系統翻譯引
進傳統中國，因他所建構嚴謹考究翻譯標準，對當時中國翻譯學產生
深遠影響，更引導當時中國學術界政治圈思維方向。嚴復本身雖是保
守派，但他卻對於中國人讀書唯一目的是「仕官」給予嚴厲批評。他
認為，如此傳統教育沒有培養探究事物真理；沒有追求科學原理，這
樣教育將使中國培養出「奴隸之才」，此正是中國腐敗衰亡之根源所
在。

　　「教育革新」──嚴復認為是中國富強關鍵必要之途。在競爭激
烈快速變遷世界潮流，國家要富強只有靠教育，唯有教育改革；唯有
建構新制教育，也唯有提升每位國民素質；提高每位國民知識水準，
中國才能強大。因此，嚴復認為「救國」只有靠教育。也就是如此，
嚴復熱衷推動新制教育與改革傳統教育，引進翻譯與西方先進知識，
最終就是要使中國強大、富強。

表3-3　嚴復生平年譜彙表

時間	生平事蹟
咸豐三年（1853）	十二月初十日，出生於福建侯官（今福建省福州市倉山區蓋山鎮陽岐村）中醫世家。
同治五年（1866）	嚴復父親病逝，學館學業被迫中輟。
同治六年（1867）	入福州船政學堂學習駕駛，改名宗光、字又陵。
同治十年（1871）	福州船政第一屆學堂畢業，先後在「建威」、「揚武」兩艦實習五年。
同治十一年（1872）	取得選用道員資格，改名復、字幾道。
光緒三年（1877）	三月赴英國學習海軍，與出使英國大臣郭嵩燾結為忘年交。
光緒五年（1879）	五月畢業於倫敦格林威治皇家海軍學院，回國後，被聘為福州船政學堂後學堂教習。
光緒六年（1880）	到天津任北洋水師學堂所屬駕駛學堂「洋文正教習」。
光緒十五年（1889）	報捐同知銜，以知府選用，派為北洋水師學堂會辦。
光緒十六年（1890）	升為北洋水師學堂總辦。
光緒十七年（1891）	十月八日，嚴復獲得候選道的官銜。
光緒二十一年（1895）	中日甲午戰爭後在天津直報發表〈論世變之亟〉、〈原強〉、〈辟韓〉、〈救亡決論〉等文，他主張變法維新、武裝抗擊外來侵略。
光緒二十二年（1896）	創辦俄文館，並任總辦，俄文館為中國最早的俄語學校；與張元濟在北京創辦通藝學堂；九月二十四日捐款100元資助梁啓超與汪康年在上海創辦的時務報。

表3-3　嚴復生平年譜彙表（續）

時間	生平事蹟
光緒二十三年 （1897）	嚴復和王修植、夏曾佑等在天津創辦國聞報和國聞彙編，宣傳「維新變法」；將天演論在國聞報上連續發表。
光緒二十四年 （1898）	光緒帝命嚴復來京覲見，闡述變法主張；改捐同知；撰「上光緒皇帝萬言書」。該年九月國聞報因報導「戊戌政變」的詳情，被清政府勒令停辦。
光緒二十六年 （1900）	義和團運動爆發，嚴復離開天津避居上海；參加汪康年、唐才常發起的「中國議會」，被選為副會長；創辦「名學會」講演名學。
光緒二十七年 （1901）	應開平礦務局總辦張冀邀請赴天津主開平礦務局事，後任該局總辦。
光緒二十八年 （1902）	赴北京任京師大學堂附設譯書局總辦。
光緒三十年 （1904）	辭去京師大學堂附設譯書局總辦一職，回到上海。該年冬天發生開平礦務局訴訟事件，被邀前往英國倫敦進行交涉。
光緒三十一年 （1905）	孫中山由美國到達英國，特意去拜訪嚴復，二人進行了長時間的會談。回到上海，協助馬相伯創辦復旦公學。
光緒三十二年 （1906）	出任復旦公學第二任校長。安徽巡撫恩銘聘他去出任安慶安徽師範學堂監督。
光緒三十三年 （1907）	安徽巡撫恩銘被刺，嚴復離開安徽師範學堂。
光緒三十四年 （1908）	出任北京學部審定名詞館總纂。
宣統元年（1909）	四月被派充為憲政編查館二等諮議官、福建省顧問官。十二月七日清廷賜予嚴復文科進士出身。

表3-3 嚴復生平年譜彙表（續）

時間	生平事蹟
宣統二年（1910）	海軍部授嚴復為協都統，後任資政院議員。
民國元年（1912）	北京京師大學堂更名為國立北京大學，嚴復出任該校首任校長；該年十一月辭去校長職務。
民國二年（1913）	擔任總統府外交法律顧問。發起組織「孔教會」，並以任為首領。
民國三年（1914）	一月二十六日被舉為約法會議議員；後被任為參政院參政。憲法起草委員。
民國四年（1915）	五月嚴復被袁世凱聘為憲法起草員。八月二十三日籌安會宣布成立，嚴復列名為籌安會的發起人，支持袁世凱復辟帝制。
民國五年（1916）	袁世凱死後，國會要求懲辦禍首及籌安會六君子，嚴復避禍於天津。
民國六年（1917）	公開對張勳復辟表示「同情」。
民國八年（1919）	公開認為五四運動支持學生運動的蔡元培不識時務。
民國九年（1920）	因哮喘病久治無效，遷回到福建省福州養病。
民國十年（1921）	十月二十七日，嚴復在福州郎官巷住宅逝世。

資料來源：作者自製，本年譜依據歐陽哲生（2010），《嚴復評傳》，江西：百花洲文藝出版社。

　　林紓、嚴復、陳寶琛三位仕紳，因風雲際會齊聚於清末的福州地區，雖然三人際遇有些差異，但都以儒學仕紳為本，注重品德，期望以個人知識及地位，孜孜強化國人的愛國情操，提升知識水平，譯介西方理論與小說，創建新制學堂，善盡傳統以來仕紳以其優勢社會地位，導引社會發展與進步。

第四章
清末福州仕紳的角色認知與角色期望

　　中國仕紳長久以來角色認知，他們是這個社會的中間者，在中國社會發展上，肩負一定的社會責任。而在文盲極高的傳統中國社會中，人民視仕紳為社會守門人之角色期望，大至國家公共政策小至家族新生兒的命名，當時人們都希望仕紳可以幫他們定奪或決定。本章就清末福州仕紳主觀角色認知與社會各界對仕紳的客觀角色期望，加以論述。

第一節　角色認知

　　如前所述（第二章第二節），角色認知是一個長期的、複雜的社會化過程，包括先天秉性、家庭教育、學校教育、同儕團體、宗教等涉入其間。角色認知雖為角色扮演者個人主觀之要求，然而人類為社會性動物，其主觀看法亦可能源自於客觀制度或觀念，所以主觀認知與客觀期望並不是那麼容易區分。但是，不論其來源為何，均需內化至內心中，形成角色扮演者的主觀要求。

　　中國傳統仕紳是以「儒家文化」為中心體系，具有獨特、且以多方面功能社經資訊「守門人」階層為己任。以清末而言，仕紳尤以「天下興亡，匹夫有責」的認知下，面對國家艱困環境，為新制學堂經營而努力，他們將之視為自身「職責」。清末法規上雖已有「地方自治章程」的明確規定，新制學堂教育歸於國家督導管理，不得以辦理簡易學塾或私塾，妨礙初等小學的創辦。但事實上，由於國家財政

不佳，新制學堂興建所需之資金，在籌集上有極大的限制。因之，官方所辦的學堂不僅無法滿足各地民眾就學的需要，而且根本無法取代傳統私塾。也因為如此，地方仕紳以其自我責任與使命，對地方傳統私塾的方式從事新制教育改革，進而擴充了仕紳興辦新制學堂教育的發展規模。正如張仲禮《中國紳士——關於其在十九世紀中國社會中作用的研究》中歸結，仕紳自許「必須」承擔若干社會職責，他們視自己家鄉的福利增進和利益保護為己任；當然，更自許弘揚傳統儒學社會價值觀念及國家知識傳承為重要職責。所以，在地方興建新制學堂之事務都「責無旁貸」地投入參與，在學堂師資不足或欠缺時，更是自身投入教授。[1]

以南開學堂創辦人嚴修為例，中日甲午戰敗之後，國內政治窳敗，外侮日亟，國勢危殆。嚴修憂國憂民，他認為：「欲強中國必須變法維新；而變法維新，則非創辦新教育不可。」又謂：「方今之勢，非自強不能自存，非人才不能自強，非講學不能育才，尤非盡人皆冥志朴學不能有成，而濟時艱。」[2]因此，他在光緒二十三年（1897）奏請清廷，開設「經濟特科」（指講授現代科技文教的新式學科）。光緒二十四年（1898），光緒帝准奏卻激怒了朝廷中的保守派，罷去他的全部兼職，只留編修虛職，且不能容見於恩師徐桐。

---

1 張仲禮（1991），《中國紳士——關於其在十九世紀中國社會中作用的研究》，上海：上海社會科學院出版社，頁176-191。

2 朱有瓛（1987），《中國近代學制史料第二輯》，上海：華東師範大學出版社，頁344。

該年嚴修憤而辭官，回家鄉天津專心興辦新制學堂 ── 南開學堂。首先，光緒二十七年（1901）改定先人所設嚴氏義塾的課程；光緒二十九年（1903）又改良嚴氏家塾，聘請仕紳學者張伯苓等為教師，教授新學；並改家塾英文館為敬業學堂，旋因房舍不敷應用，於光緒三十二年（1906）在南開購地建校，改稱「南開中學堂」，聘請張伯苓為學校監督委員。除此之外，嚴修也是最早在天津提倡女子和幼稚教育。光緒三十一年（1905），他在自家中開辦「保姆講習所」（相當於幼兒師資培訓班），聘請日本幼教專家為教師，培養幼教師資。這是國內最早的幼教師資培養學校，併同設立「嚴氏蒙養園」（相當於今日之幼稚園）。同年，改嚴氏女塾為嚴氏女學，教授新學，並於民國五年（1916）增設高等班（即高等小學堂）；民國八年（1919）增設嚴氏女中；民國十二年（1923），在開辦南開女中後，嚴氏女中才停辦。在此之後，「南開學堂」形成了一個比較完整的新制教育體系。

又以浙江仕紳孫詒讓為例，他以「儲才興學」為已任，晚年多次辭絕清廷詔召，全力投入地方教育事業。在他的銳意籌劃，苦心經營努力下，他在浙江省教育總會副會長期間，在溫州、麗水兩府短短兩三年內，就辦起各級各類學校三百多所，為浙南地區新制教育奠定了厚實基礎。且他認知到「教育之能否普及，為（國家）強弱之符驗」，[3]因此他主張在紳富人家推行強迫基礎教育，同時對貧寒子弟

3　張彬（1996），《從浙江看中國教育近代化》，廣州：廣東教育出版社，頁140-141。

的入學給予優待照顧。孫詒讓特別注意師資質量，認識到辦學「不先設師範，猶之無耜而耕，安期收穫」，[4]首創辦溫州師範學校，並通過舉辦師資讀書社、師範教育研究會、博物講習所、理化講習所等，培養新制學堂師資，提高教師素質，還籌措資金派送學生留日，培養當時奇缺的理化教師。孫詒讓一方面對教師有很高的要求；另一方面又採取獎勵措施，使教師安於教育事業，主張在教育與教學中不僅要「因材施教，循序漸進」，[5]也提倡獎優汰劣；對學生既不能「壓制叱吒」，又不可「曲意營護」，[6]強調教師的身教作用，重視社會教育，創辦過演說會、閱報社等。光緒二十二年（1896），孫詒讓撰寫〈新開瑞安學計館序〉刊登在維新派所辦之時務報上，說明他籌辦學計館目的：

> 光緒以未，東事甫定，中國賢士大夫盡然有國威未振之懼，於是京師及南洋皆有強學書局之舉，而瑞安同人亦設于邑城卓忠毅公祠開學計館以教邑之子地，皆以甄綜藝術，培養人才，導厥涂撤，以應時需，意甚盛也，夫時局之維艱，外變之環伺而踏至，斯天爲之也。然人才之衰榮，學藝之不講，

4　張彬（1996），《從浙江看中國教育近代化》，廣州：廣東教育出版社，頁142。

5　張彬（1996），《從浙江看中國教育近代化》，廣州：廣東教育出版社，頁140-143。

6　張彬（1996），《從浙江看中國教育近代化》，廣州：廣東教育出版社，頁140-143。

朝野之間炭焉。有不可終日之慮，則人事或不能無過矣，瑞
安頗小，介浙閩之間，僻處海濱，於天下形勢不足爲重清。
然儲才興學以待國家之用，而初期緒以余澤鄉里。[7]

　　從此篇聲明文中可看出，孫詒讓創設學計館之新制學堂，爲的是
培養人才以應時代需要，以揚國威，達到興學儲才，以利達至「待國
家之用」目標。

　　清末，國族文明面臨存亡危機，福州仕紳如何面對危機？嚴復認
爲，唯有漸進改革，他認爲要謀求革新，但不能操之過急。他多次
引用斯賓塞的話：「民之可化，教育救國。他反對當時流行世界潮流
之較激進的社會主義革命，嚴復深知當時西方貧富懸殊不均，造成重
新經濟資源分配激烈武裝之社會主義革命不適合當時中至於無窮，惟
不可期之以驟……和欲謀國家的富強，必須相甚宜，動其機，培其本
根，衛其成長，則其效乃不期自立。」[8]由於嚴復主張漸進的國家社
會改革，因此他盡自己擅長的才幹西文翻譯西方社會理論。嚴復主張
國家復興、社會改革，需宜從團結民心、改良風俗方式漸進改革，嚴
復因此主張提高民力、民智、民德的辦法來強國救民。嚴復結論是：
「故國之強弱貧富治亂者，其鼓民力、開民智、新民德三者之證驗

7　張彬（1996），《從浙江看中國教育近代化》，廣州：廣東教育出版社，頁
　　140-143。
8　歐陽哲生（2010），《嚴復評傳》，南昌：百花洲文藝出版社，頁30。

也。必三者既立，而後其政法從之。」[9]由於這樣的認知，嚴復乃翻譯西學先進理論進入中國。嚴復所提之以「三民說」為基礎之漸進改革論，乃其在清末國家危如累卵之際，對其仕紳角色的自我期許。

清末福州三紳之一的林紓，對自我仕紳角色的期許，如同嚴復一般，乃傷時感亂，呼喚救國。林琴南先生的此種憂國情懷，隨著清末時局的惡化，而不斷加深。光緒十年（1884）中法戰爭爆發，七月，一支專為進攻中國的法國艦隊竟然自由地停泊在福州馬尾軍港內。八月二十三日停泊在福州馬尾軍港的法國軍艦突然發動襲擊，僅耗費一個多小時就將軍港內的所有中國軍艦擊沉，並摧毀了馬尾造船廠，福建海軍全軍覆沒。消息傳來，「林紓悲憤莫名，在大街上遇見他的『狂生』摯友林崧祈，兩人佇立街頭，抱頭大哭，引為奇恥大辱」。[10]十一月間，左宗棠以欽差大臣來福州督辦軍務，林紓又與另一好友周長庚攔馬告狀，向左宗棠控訴當時主持福建軍務者事後謊報軍情，掩蓋敗績。[11]光緒十八年（1892），林紓第四次赴京考試又失敗而歸時，行經西湖，留住六日，多少文人騷客詠嘆的西湖湖光山色，並未使其多加欣賞，反而憶起南宋君臣於金人入侵中原之際，偏安江左，沉湎於逸樂的情況，霎時，心頭頓時升起國勢日非的悲愴。他每遊一處，即吟詩數首，六日共得詩二十首。他在為這些詩所寫的〈西湖詩序〉中，即表明這二十首詩「多悲涼愴楚之音，……余蓋有

9　歐陽哲生（2010），《嚴復評傳》，南昌：百花洲文藝出版社，頁31-32。

10　張俊才（2007），《林紓評傳》，北京：中華書局，頁35。

11　張俊才（2007），《林紓評傳》，北京：中華書局，頁35。

感於宋氏而發也。」[12]光緒二十年（1894），中日甲午戰爭爆發，中國一敗塗地。隔年，簽下馬關條約，賠償軍費二萬萬兩，並把遼東半島、台灣、澎湖列島割讓與日本。當時，林紓曾和好友高鳳岐等人，「叩闕上書，抗爭日本占我遼陽、台灣、澎湖諸島事。」[13]

中日甲午戰爭大敗，從自強運動以來所累積的些微船堅炮利成果，毀壞殆盡；人們對於清廷所推動洋務新政，真能如願達成國富民強之目的，頗感疑惑。幾經深思，當時人們，尤其是仕紳，認為國富民強並非建立在浮面的器物層次，更是要從教育與心理面向著手，改變人們的思維方式，方有可能，於是轉而以致力引進西學、翻譯西書、創辦新制學堂為己任。

綜合以上所述，清末仕紳在新制教育改革，包括新制學堂籌建及西學譯作與觀念引進，仕紳承擔了所有工作，包含了宣傳、籌資、組織和實施等。雖然清末國庫窮困，但在仕紳們使命責任運作下，新制學堂教育在經費的籌措、新制學堂推展師資培育、新制教育改革、西方先進觀念引入，均獲得了亮麗的成績，更為中國現代教育奠定厚實發展基礎。

---

[12] 林紓（1916），〈西湖詩序〉，見《畏廬文集》。

[13] 張俊才（2007），《林紓評傳》，北京：中華書局，頁36。

第二節　角色期望

　　所謂角色期望，是社會各界，包括民眾、官方等對於某一角色扮演者，期待其採取某種行為型態，其為行為的動因。社會結構中的地位等於一項有組織的角色期望系統，社會結構中的權利和義務均含有角色期望的性質。[14]中國仕紳角色期望，不僅是指中國傳統社會基層人民對仕紳個人角色所應表現行為，亦包含上層管理階層對仕紳行為之期盼內涵。

　　清朝初期，清廷對仕紳的角色期望是一種打壓做法，並不希望他們介入公共事務，這是一種消極的對待方式。這種反對的態度其來有自，清順治十八年（1661）間，江南仕紳全面反抗剃髮令，江南地區如：蘇州、吳江、嘉定、松江、昆山、宜興、常熟、嘉興、嘉善、金山、海寧、瓶湖、崇德等地仕紳領頭抗爭，腥風血雨，慘烈甚鉅，尤其是順治二年（1645）在江陰及嘉定發生駭人屠城慘案，更成為江南仕紳心中永久的痛。[15]順治三年（1646），清朝廷更下令：「將前代鄉官監聲名色進行革去，一應地丁錢糧雜泛差役與民一體均當，朦朧冒免者治以重罪。」[16]而後至清康雍乾三朝對江南仕紳，科舉與文字獄恩威並施，對江南仕紳的特權、權勢及社會影響力有其一定程度打

---

14 陳庚金（1982），《人群關係與管理》，台北：五南圖書，頁53。

15 佚名（1985），《吳城日記卷》，丹午筆記、吳城日記、五石脂，南京：江蘇古籍出版社，頁219。

16 佚名（1985影印本），《清聖祖實錄卷二十五》，順治三年四月壬寅，北京：中華書局，頁217。

擊，亦造成仕紳與國家關係中地位進一步淪喪。

清道光三十年（1850）末，發生中國**歷史**上規模最大、為亂範圍遍及**廣西**、**湖南**、**湖北**、江西、安徽、江蘇、**河南**、**山西**、**直隸**（河北）、**山東**、**福建**、**浙江**、貴州、**四川**、**雲南**、**陝西**及**甘肅**等多省之**內亂**。太平天國作亂之後，為維護自身利益及自覺地承擔起社會文化秩序及重建之責任，地方仕紳承擔起地方團練、賑濟、教化等重任。

太平天國之亂後，江南地區人口銳減，土地荒蕪，昔日的繁華富庶變成人間地獄。根據同治四年（1865）一月十三日，一位外國商人在江南地區親身所見記載於上海之友報導：

在白齊文到南京去的時候（1863年七、八月間），南京和蘇州之間一帶鄉間是可愛的花園，運河兩岸十八里內全都排列著房舍，居民像蜂群似的忙碌著，處處顯示出這些人民有理由可以預期到的繁榮景象。自蘇州復歸於清軍之手後，這些房舍以及無數橋樑全都消失了，整個十八里之內沒有一幢房子，四周鄉間，舉目荒涼。人民畏清兵如豺虎，一見就惶惶逃命。看不見男人，看不見婦女，看不見兒童，也看不見任何一頭牲畜。無論花多少錢也買不到雞、鴨、豬、牛。……在通往無錫的路上，遍地荒蕪，荊草漫（蔓）生。……沿途布滿了數不清的白骨骷髏和半腐的屍體，使人望而生畏。這裡沒有做買賣的船隻，商業絕跡，無錫已成一片廢墟。……到常州府，沿途九十五里，仍舊是一片荒蕪淒慘的景象，不

見一個做工的人，遍地荒草薫，雜草沒脛。……從常州府到
丹陽遍地布滿了白骨，不幸的太平軍，更可能是無辜的村
民，一定遭到了極其可怕的屠殺！……我從丹陽前進四十五
里，前進得越遠，地方上的情況就越壞。一言以蔽之，整個
情況就是「一團糟」。[17]

上述乃一位外國商人在太平天國之亂後，所見蘇州慘況的實錄。
面對此殘局，清廷無力解決，遂籲請地方仕紳積極參與重建地方，從
賑濟災民、舉辦公益、恢復宗族義莊、整頓保甲到維護社會秩序與治
安，不一而足，幾乎涵蓋地方公共事務的全貌。甚至一些地區因為吏
職惰怠，或官員行為為士人所不齒，民眾亦要求改用仕紳。地方民眾
之所以信任仕紳，正如丁日昌所說：「用書差不如用紳董，非紳董皆
賢，書差皆不肖也。但紳董若有侵漁，尚懼清議持其後，差役則惟利
是圖，非清議所能動心。」[18]當時民眾對於仕紳角色期望，包括維持
社會秩序、主持公眾事務等等。尤其是處在內亂後，家園殘破不堪，
官府卻無力施展之際，民眾仕紳能夠多方積極介入，清廷的態度一反
清初打壓的做法，反而是張開雙手歡迎。三者，仕紳本身也將之視為
應盡的社會責任。由於，三方——仕紳、清廷與民眾，意願合制，也

---

[17] 呤唎（英）著，王維周譯（1985），《太平天國革命親歷記下冊》，上海：
上海古籍出版社，頁566-568。

[18] 丁日昌，《撫吳公牘卷十八》，「蘇藩司詳長元吳三縣經征六年分恤孤余乘
應否面部提請示由」，頁518。

形成清末仕紳大量參與公共事務的緣由。平定太平天國之亂的功臣之一，胡林翼就曾說過：「自寇亂以來，地方公事，官不能離紳士而爲。」[19]又如，在咸豐、同治時期，福建仕紳把持省務，「福建省會，素稱人文，唯紳士把持政務。」[20]仕紳勢力上升，使得許多地方官成爲仕紳的「監印」，而無法直接處理公務。[21]

第三節　角色認知與角色期望落差

清末仕紳對新制教育推展，是仕紳本身對其角色認知及社會大眾對其角色期望，但是不可諱言，仕紳在興辦新制教育推展上，並非全面都爲正面貢獻。當然，在新制學堂經營上，亦有角色認知與角色期望落差表現，在日本學者阿部洋對清末的毀學暴動所做之研究中，就在他所蒐集的以辛亥革命前八年間（1903-1911）的一百二十件毀學案例中，其事發源由，有由於加徵新稅、學堂捐及其他稅，很多都是仕紳從中榨取所引起的；也有由於是沒收寺廟爲學校、戶口調查，藉口米價上漲等原因引起的；有的是爲了反洋教、反對禁止迎神賽會；還有禁煙造成學生與鄉民衝突等其他種種原因。就前面所述，我們知

---

[19] 胡林翼（1888），《胡文忠公遺集卷八十六》，上海：著易堂鉛印本，頁33。

[20] 張集馨（1981），《道咸宦海見聞錄》，北京：中華書局，頁274。

[21] 王先明（1997），《近代紳士：一個封建階層的歷史命運》，天津：天津人民出版社，頁52。

道在清末新政實施中，創建新制學堂的籌措經費全由地方官員與當地
仕紳協商而來，其結果就是增加學捐。本來由於賠款及其他新政措施
所增的新稅捐已使百姓承擔不起，新學捐繳交更使一般平民負荷加
重。[22]

　　他們往往以藉辦學之名，行巧取豪奪之實，還有地方仕紳，更是
倚仗當地官府勢力，強迫民眾繳納學捐。光緒三十三年（1907），東
方雜誌所登載的〈學務調查報告〉文中指出：

> 乃此次據調查所聞見，則未免強迫過度。聞勸學員及學董所
> 至之處，亟於求效，有請縣官差提者，有自寫拘票請地方
> 官用印提嚴比者，有鄉人違犯禁令，由學董令罰興學經費
> 者。……此不盡由提學使之任人未當與學董之有心武斷，實
> 緣學務驟興，安能遽得許多道德知識兼優之董事？而勸學員
> 之強迫過度殆亦因熱望興學而昧於閱歷所致。無論官紳，凡
> 辦理地方之事，第一不可傷害感情，感情傷害，危機百出；
> 且中國鄉愚向昧於分別之知識，若十人勸學中有一人武斷，
> 則鄉里對此十人未必能知所分別。萬一因一人之故而牽怒於
> 多人，致滋生事端，則不能不加懲治。以後感情傷害愈甚，
> 將來紳民界之衝突，恐視民教之爭為尤烈。此種情形，恐不

---

22 阿部洋（1975），〈清末毀學暴動〉，見多賀秋五郎編，《近代教育史研究
　　下》，東京：岩崎學術出版社，頁69-141。

僅直隸一省為然。[23]

　　從以上文間中可以發現，調查員儘量開脫辦學過程中，仕紳對平民的暴力行為，但從字裡行間可清楚看到，在興學中，平民未受其利，先蒙其害，自然對新制學堂沒有好的觀感。在杜贊奇的研究資料也顯示，在二十世紀頭二十年的中國社會變遷中，鄉村地方社會的分化往往由於仕紳藉辦學之名，將原屬於村莊公產的寺廟、祠堂、田產等等變成校產，以校董名義任意支配。然而，學校的受益者卻與大多數村民無關，學童多為村中富裕家庭子弟。[24]又根據《盛京時報》在1909年所記載：「安徽宣城縣知縣命仕紳姚延烜、胡省身於洪林地方開辦初等小學堂，並撥捐稅三百元用以購置儀器教材。師範學校畢業生李逢春指責他們侵吞公款，引起鄉民們極大憤怒，遂聚眾二百餘人，圍毆姚、胡二人」。[25]

　　總之，在新制學堂教育興辦上，仕紳角色認知與角色期望有其正向落差，有像前所述福州仕紳嚴復、浙江仕紳孫詒讓、天津仕紳嚴修努力興辦新制學堂、新制師資培養及新制教育體系建立，就是其正向例子。前述例子亦有劣者仕紳，借其假興學實濟私，在辦學中不僅從

23　〈學部奏派調查直隸學務員報告書〉，《東方雜誌》光緒三十三年第十一期。

24　Prasenjit Duara (1988), *Culture Power and the State-Rural North China 1900-1942*, Redwood City: Stanford University Press.

25　〈南皖宣城客民毀學〉，原載《盛京時報》，1908年9月15日，轉引自阿部洋（1975），〈清末毀學暴動〉，見多賀秋五朗編，《近代教育史研究下》，東京：岩崎學術出版社，頁106。

附加的學捐中牟利，而且往往假公濟私，侵吞大眾籌募之教育經費。惡紳把持校務，以學校名義欺壓村民者亦常有發生。這為仕紳角色認知與角色期望之負向落差。

第五章
福州仕紳推動新制教育政治角色的執行

　　清末國難危殆之際，許多地方仕紳，積極作為、胸懷強烈的救國救民使命感，欲藉新制教育的推動，穩定清廷這個搖搖欲墜的政治系統。在他們努力籌辦下，啟動傳統教育改革，並使新制教育逐漸制度化，現代化的教育觀念與教育制度引進中國各地教育中，致使清末新制教育規模在短短幾年內迅速獲得了成果。本章擬論述福州仕紳於國家危如累卵之際，致力改革傳統教育，興辦新制教育背後的政治動機與角色。本章首論清末新政，欲呈現清廷救亡圖存之政策全貌；次論福州仕紳欲藉推動新制教育，強化國人強國強種的愛國意識與情操，以鞏固政治系統的心理基礎；三論福州仕紳以推動新制教育，培育各種專業人才，厚植政治系統的社會基礎，以利後續之現代化進程。

第一節　清末新政之分析

　　一向以「天朝自居」之中國，在中英鴉片戰爭之後，當時已有極少數仕紳認為「西方蠻邦」的「優點」是值得我們中國人學習。但當時社會中絕大多數的人仍囿於民族的自尊心，不願接受改變，一直到第二次英法聯軍進占北京，中國人遭受更大的屈辱才有較多的人覺醒。特別是，一些大臣如曾國藩、李鴻章、左宗棠，其與太平天國作戰的時候，曾獲得英美等國在華軍人的協助，親見外國船堅炮利的威力，遂決心模仿西方的長技，進而推展以學習西方之「船堅炮利」，由此帶來「自強新政」的改革運動。

　　清末國勢凌夷，自強新政可以說只將重心放在國防與商業層面，改革只重淺跡表面，對於當時清末困局助益甚小。而在當時與西方有過接觸的國人，尤其早期外放留學的歸國學人，對於西方政治與教育制度漸生嚮往之心，而發為議論。尤其在中日甲午戰爭戰敗之後，國家面臨被列強瓜分危機，朝野有志之士皆認為我國必須在政教制度上徹底革新。但在以康有為為首所發起的「百日維新」，卻遭以慈禧太后為首之保守勢力所殲滅。雖後以慈禧為首之保守勢力在發生於西元1900年的「義和團事件」後，進行「庚子新政」改革，或許可以說是「戊戌變法」的延續。但這只是清朝統治後期，清廷感到自我統治地位動搖，國家已不能完全掌控時局，財政更是千瘡百孔下，所做之圖存轉機。為了維護滿清王朝的統治，慈禧太后等保守勢力不得不在西元1901年起宣布實行新政。

　　「新政」是慈禧太后用光緒皇帝的名義頒布上諭，命督撫以上大臣就朝章國政、吏治民生、學校科舉、軍制財政等問題詳細議奏。又下令成立了以慶親王奕劻為首的「督辦政務處」，作為籌劃推行「新政」的專屬機構，並任李鴻章、榮祿、崑岡、王文韶、鹿傳霖為督辦政務大臣；劉坤一、張之洞（後又增加袁世凱）為參預政務大臣，總攬一切「新政」事宜。「新政」主要內容有四大方向，分別是：[1]

1　張秀平、王曉明，〈影響中國的100次事件5之八九——清末新政〉，http://www.jl.cninfo.net/relax/wenxue/zhengzhi/events/091.htm，2004年3月26日閱覽。

壹、籌餉練兵

編練「新軍」是滿清政府「新政」的主要內容之一。滿清政府對此投入了巨大財力。在光緒二十七年（1901），下諭全國停止武科科舉考試；並在各省仿北洋、兩江籌建武備學堂；並下諭全國各省裁汰舊軍，編練「常備軍」。編練「新軍」的工作在全國展開。

貳、振興商務，獎勵實業

在光緒二十九年（1903）九月七日，清廷設立商部，倡導官商創辦工商企業。緊接著，頒布了一系列工商業規章和獎勵實業辦法，例如：欽定大清商法、商會章程、鐵路簡明章程、獎勵華商公司章程、礦務章程、公司註冊章程、試辦銀行章程等。這些章程規定，允許自由發展實業，獎勵興辦工商企業，鼓勵組織商會團體。這些章程和做法，都有利於工商業的發展，有利於社會經濟的繁榮。

參、廢科舉，育才興學

清政府推行「新政」的另一個重要內容是廢科舉、辦學堂、派留學。在興辦新制學堂方面，光緒二十七年（1901）九月四日，清政府命令各省城書院改成大學堂，各府及直隸州改設中學堂，各縣改設小學堂，並多設蒙養學堂；十二月五日，頒布學堂科舉獎勵章程，規定學堂畢業生考試後可得進士、舉人、貢生等出身。光緒二十八

年（1902）二月十三日公布推廣學堂辦法；同年八月十五日頒布「欽
定學堂章程」。光緒三十年（1904）一月十三日又頒布「重訂學堂章
程」，詳細規定了各級學堂章程及管理體制，以法令形式要求在全國
推行。與普通學堂並行的還有專業教育，包括師範學堂及各類實業學
堂，在學制上自成系統，一套完整的學校制度隨之建立。在廢科舉方
面，光緒三十一年（1905）九月二日，光緒皇帝詔准袁世凱、張之洞
奏請停止科舉，興辦學堂的摺子，下令「立停科舉以廣學校」，使得
在中國歷史上延續了一千三百餘年的科舉制度最終遭到廢除；十二月
六日，清廷下諭設立學部，為專管全國學堂事務的機構。清政府在推
行「新政」過程中，把「獎遊學」與「改學堂」、「停科舉」並提，
要求各省籌集經費選派學生出洋學習，講求專門學業。對出國留學
生，分別賞給進士、舉人等出身。對自備旅費出洋留學的學生，與政
府派出的學生同等對待。為統一管理留學生工作，滿清政府分別在光
緒二十八年（1902）十月三十一日和光緒三十二年（1906）十月二日
派出總監督赴東洋和歐洲。

肆、改革官制，整頓吏治

　　改革官制是清政府「新政」的一項重要內容，其中包括「裁冗
衙」、「裁吏役」、「停捐納」，對統治機構做了一些改變。光緒
二十七年（1901）七月二十四日，滿清政府撤銷總理各國事務衙門，
改設外務部為「班列六部之首」。又光緒二十八年（1902）二月

二十四日裁河東河道總督，其事務改歸河南巡撫兼辦；三月六日裁詹事府及通政司。光緒二十九年（1903）九月七日設商部。光緒三十年（1904）十二月十二日裁雲南、湖北兩省巡撫，由雲貴總督、湖廣總督兼管。光緒三十一年（1905）九月四日裁奉天府尹，由巡撫兼管；裁奉天府丞，改為東三省學政；十月八日設巡警部；十二月六日設學部，裁國子監。除裁撤並增減行政機構外，清政府還下令「停捐納」、「裁陋規」、「定公費」。在光緒二十七年（1901）九月十九日，清政府宣布停止報捐實官。光緒三十一年（1905）七月十八日宣布停止捐納武職。[2]

總之，清末「新政」在政治方面，增設了一些新機構，修改一些不適宜法律。例如，修改了「大清刑律」，廢除傳統一些酷刑峻法，注入了一些符合人道主義的原則；在經濟上，允許和獎勵私人資產自由發展，承擔政府保護工商業的責任，也間接提高商人與仕紳的政治和社會地位；尤其在文化教育，其改革莫過於「廢科舉、辦學堂、派留學」。

第二節　提倡愛國情操強化政治系統心理基礎

所謂提倡愛國情操強化政治系統心理基礎，即是清末福州仕紳欲

2 張秀平、王曉明，〈影響中國的100次事件5之八九──清末新政〉，http://www.jl.cninfo.net/relax/wenxue/zhengzhi/events/091.htm，2004年3月26日閱覽。

藉興辦新制教育，形成一股社會集體支持與認同國家的內心意識狀態。清末福州仕紳——嚴復、林紓與陳寶琛皆欲以新制教育，提升當時人們的強國強種的愛國情操。嚴復曾說過：「今夫國者非他，合億兆之民以爲之也。國何以富？合億兆之財以爲之也。國何以強？合億兆之力以爲之也。」[3]此句話所言，中國要脫舊、脫弱、脫窮、要富且強，須合全體民眾之能力、財富爲之。然而，如何讓民眾能力提升、荷包富有，唯有推動新制教育，中國才能富強。

壹、愛國情操對當時中國的重要性

在中英鴉片戰敗及英法聯軍進占北京後，清廷國力積弱不振，社會經濟腐敗，中國人遭受莫大的屈辱。當時，社會中堅的仕紳急呼國人要有愛國心，團結起來救中國。中國人有五千年歷史，當時之人以此爲傲，並認爲中國人能力與智力並不亞於西方國家及日本。林紓深深認爲，當時國家社會常常被統治者壓抑，於是公理不伸，人人無心於公戰。所以他認爲，「若對其加以教育，培養當敵不懼、前僵後踵的精神，則國必有強盛之日。」[4]嚴復也認爲，教育是可以救國強國。他以斯賓塞（Herbert Spencer）「社會機體論」（Living Organism）爲理論基礎，認爲人類社會就跟其他生物一樣是一個有機

3　王栻（1982），《嚴復集（一）》，北京：中華書局，頁18-27。

4　沈雲龍主編（1930），〈黑太子南征錄・春覺齋著述記卷三〉，《民國叢書第四編》，上海：上海書店，頁101。

體。「蓋一國之事；於人身」及「身貴自由；國貴自主」[5]猶如個人與社會的關係，就類似細胞與生物體。個人不能享有無限制的自由而影響群體秩序，而社會整體的運作也離不開個人的發展。只有每一個國民的素質提高，國家才能富強。因此，嚴復認爲在生存競爭激烈的世界中，中國要生存、要強大，只有靠自身力量變得強大，而強大之道就是要提高國民素質；進而言之，提升國民素質唯有靠「教育」。[6]由以上對林紓、嚴復觀點的引述，深知其興辦新制教育的目的之一，即是建立愛國情操於國人心中。

貳、愛國情操的內涵

嚴復認爲，要讓當時中國富強，國家強大必須要三帖藥方，分別是「鼓民力」、「開民智」及「新民德」。[7]所謂「鼓民力」，就是要發展體育，增強國民擁有健康身體；所謂「開民智」，就是要廢除八股科舉制度，學習西方的自然與社會科學，提高中國國民的文化教育水準；所謂「新民德」，嚴復認爲要運用西方國家自由、民主、平等觀念，以取代中國傳統宗法制度和倫理道德，提高中國國民的思想品質，形成國家觀念。其中，與提振愛國情操最相關者即爲「新民德」。「新民德」依據林紓的體會，莫過於去除一己之私利，振興爲

---

[5] 王栻（1982），《嚴復集（一）》，北京：中華書局，頁4-49。

[6] 王栻（1982），《嚴復集（一）》，北京：中華書局，頁18-27。

[7] 王栻（1982），《嚴復集（一）》，北京：中華書局，頁18-27。

國為民的公德。

　　清末中國的積弱不振，林紓認為原因是我們中國人民欠缺「團結心」。林紓非常佩服西方人和日本人的民族團結愛國精神，他稱讚英國人視死如歸，「以國為身，不以身為身，故身死而國不可奪」；他稱讚日本人「自視一人之身，一日本也」、「身死而同志繼之，雖百人死而一人勝，即可謂之日本勝耳」。[8]反觀中國則是「舍其固有之利，拱手授人，且以客凌主，舉四萬萬之眾，受約於白種人少數之範圍中」。[9]他認為，中國人之所以會失敗於西方人、失敗於日本人，最根本之原因，在於中國人缺乏「民族團結與抗爭精神」。[10]所以，他認為要改革傳統中國教育只重古文教學，內容陳舊迂腐。因此他用畢生心力於福州創建新制教育，盼從教育著手，提振中國人團結心與愛國心，更因此藉由新制學堂建制，振興教育欲達改革傳統教育弊端，促使中國強盛起來。

　　美國女作家斯托（Harriet Elizabeth Beecher Stowe）所著反奴隸小說《黑奴籲天錄》（又譯《湯姆叔叔的小屋》）（*Uncle Tom's Cabin: Life Among the Lowly*），是林紓與魏易共花費六十六天完成合譯之著。對這本小說的翻譯，口譯者魏易曾言：「近得美儒斯陀氏所

8　蘇建新（2013），〈林紓在閩中的教育實踐及其拓展〉，《江西科技師範大學學報》2013年第一期，頁95-96。

9　姚建平、龔連英（2010），〈中西文化融合背景下林紓對中國傳統文化的反思〉，《宜春學院學報》第五期，頁100-101。

10　蘇建新（2013），〈林紓在閩中的教育實踐及其拓展〉，《江西科技師範大學學報》2013年第一期，頁95-96。

著黑奴籲天錄，反覆披玩，不啻暮鼓晨鐘。以告閩縣林先生琴南，先
生博學能文，許同任翻譯之事。易之書塾，與先生相距咫尺，於是日
就先生討論。易口述，先生筆譯，酷暑不少間斷，閱月而書竣，遂付
剞劂，以示吾支那同族之人。」[11] 林紓亦曾言及對此書翻譯之目的：
「余與魏同譯是書，非巧於敘悲以博閱者無端之眼淚，特爲奴之勢逼
及吾種，不能不爲大眾一號。」[12] 由此可見，林紓是想藉翻譯此書之
美國黑奴被奴隸之悲哀，來喚醒當時被西方列強瓜分欺辱中國人民的
愛國熱情。

嚴復在檢討中日甲午戰爭戰敗的教訓時也曾指出，在中日甲午戰
爭籌辦海防事務，竟有人用鐵滓沙泥冒充水雷和炮彈的火藥，毫不以
爲國爲民爲念，他認爲這是國民道德墮落的表現，也是中日甲午戰爭
失敗的主要原因之一。[13] 提升國人爲國爲民的道德品質，而不再自私
自利，是嚴復認爲建立愛國情操的利器之一。

參、愛國情操須從小培養

林紓擬透過新制教育提升時人的愛國意識，其認爲尤須從小建
立。例如，他在《閩中新樂府》之〈興女學〉詩篇中就有類似表達：

11　蔡登山（2008），〈林紓的口譯者之一：魏易 —— 另眼看作家之十七〉，
　　《全國新書資訊月刊》民國九十七年十一月號，頁26-30。

12　蔡登山（2008），〈林紓的口譯者之一：魏易 —— 另眼看作家之十七〉，
　　《全國新書資訊月刊》民國九十七年十一月號，頁26-30。

13　王栻（1982），《嚴復集（一）》，北京：中華書局，頁282-283。

母明大義念國仇，朝暮語兒懷心頭。兒成便蓄報國志，四萬
萬人同作氣。[14]

從此隻字片語可看出，林紓非常強調「愛國」理念須從小教導。
因之，在《閩中新樂府》之另一詩篇〈村先生〉亦寫道：

今日國仇似海深，復仇須鼓兒童心。法念德仇亦歌括，兒童
讀之涕沾襟。村先生，休足，莫言芹藻與辟雍，強國之基在
蒙養。兒童智慧須開爽，方能凌駕歐人上。[15]

文中之「今日國仇似海深，復仇須鼓兒童心」及「強國之基在蒙
養。兒童智慧須開爽，方能凌駕歐人上」證明他認為培養愛國救國
之思想觀念，應該從兒童求學階段開始，造就下一世紀富國強國的世
代。

林紓振興新制教育時代，正是中國處於國破家亡的時刻，其好友
高夢旦在對《閩中新樂府》詩集中曾有一段回憶的記載：

---

14 林紓，〈閩中新樂府「興女學」〉，https://zh.wikisource.org/wiki/%E9%96%
A9%E4%B8%AD%E6%96%B0%E6%A8%82%E5%BA%9C，2020年5月9日閱
覽。
15 鄭振鐸，〈林琴南先生〉，《小說月報》第十五卷第十一號，1924年11月，
https://zh.wikisource.org/zh-hant/%E6%9E%97%E7%90%B4%E5%8D%97%E5%
85%88%E7%94%9F，2020年5月12日閱覽。

甲午之役，我師敗於日本，國人紛紛言變法、言救國。時表
兄魏季子（瀚）主馬江船政局工程處，余館其家，爲課諸
子。仲兄子益先生、王子仁（壽昌）先生，歐游東歸，任職
船局，過從甚密。伯兄嘯桐先生、林畏廬先生亦時就遊宴，
往往互數日夜。或買舟作鼓山、方廣遊。每議論中外事，慷
歎不能自已。畏廬先生以爲轉移風氣，莫如蒙養，因就議論
所得，發爲詩歌，俄頃輒就。季子先生爲出資印行，名曰
「閩中新樂府」。[16]

從高夢旦所言之內容，讓我們更加瞭解林紓先生振興教育、發表
詩篇，是爲了從蒙童開始建立救國愛國之理念與情操。

第三節　提振智識培養專業

所謂提振智識培養專業，即是企圖以新制教育的推動，提升民眾
智識水準，培養社會各行各業專業人才，使之成爲中國繁榮發展的穩
定力量。因之，推動新制教育亦在於穩定清廷這個龐大政治系統的社
會基礎。

---

[16] 李葷龍（2008），〈林紓其人其文其畫〉，《中國文物報》。

壹、仕紳地位特殊尤重新制教育

　　清末地方仕紳之所以積極介入新制教育的興辦，在張仲禮的《中國紳士——關於其在十九世紀中國社會中作用的研究》一書中，有極清楚的說明。由於中國仕紳向來是官吏與民眾之間的橋梁，無論任官或無任官之知識者（仕紳）在社會中享有一定特殊地位；相較之下，一般民眾識字率極低，民眾視仕紳爲社會領袖人物。千百年來，中國社會的菁英（仕紳），以儒家文化爲主導，強調「修身齊家治國平天下」之價值，並以其傳衍爲己任，而價值的傳衍，主要依靠教育。因之，仕紳乃以推動教育作爲維繫政治系統穩定之基礎。

　　清末中國社會，仕紳人數極多。根據統計，全國上層及下層仕紳總數，約爲145萬人。政府機構中諸種職官位置及頭銜所能容納者，不過15萬人。閒散無職位者，不下130萬人。[17]如此龐大數字的閒散仕紳，在當時清末新政改革過程中，是一股龐大力量。光緒三十一年（1905）清廷宣布廢除科舉，這些仕紳便成爲一股「游離化」的社會群體，對當時的社會轉型過程，尤其在地方推動新制教育上，成爲巨大的參與動力。例如，清光緒二十二年（1896），津海交道、太常寺少卿盛宣懷稟明兩江督臣劉坤一，籌款議建在上海徐家匯創辦一所以「中學爲體，西學爲用」爲宗旨的新制學堂——南洋公學，其設立了相當於專科的特班、政治班和商務班，以培養當時急需的新制從政人

17　張仲禮（1991），《中國紳士——關於其在十九世紀中國社會中作用的研究》，上海：上海社會科學院出版社，頁34-38。

才和商業人才。其雖是官辦學堂，但初創之時，盛宣懷聘請仕紳學者，同時也是中國著名教育家蔡元培擔任特班主任教師。

清末，以仕紳爲主導的民間力量，非常強調新制教育的推動。綜觀各地各省興學原因，有些地方是因爲該地位居政治、經濟、文化中心地位，而積極推動，例如北京、上海等地；有些地方則是地方要員的積極提倡，例如在湖北省掌握軍政大權的張之洞，熱心興辦與經營，因而有重大成就；而有一些地方則是由於民間自覺要求，興起新制學堂熱潮，例如浙江省即是。

浙江省與內地省分不同的是，該省仕紳處在一個經濟轉型變革「前線」的環境。浙江省自南宋以來，一直文風鼎盛，歷年來各縣各鄉鎮取得功名者甚多，世代爲官者也多。這些仕紳過去一直以農業經濟和儒家道德規範作爲立身基礎。到了清末，時代環境發生極大且深刻變化，他們身處在這樣環境中，感覺更加敏銳，轉變也更加迅速；再加上受「實業救國」風潮興起與驅動，當地有相當一部分仕紳投入商業界，投資開辦企業。在《定海縣志》有一段記載，反映當時社經情況：

> 該邑在中外通商之前，俗尚樸素，魚販耕讀，各安其職。中外接觸之後，由於縣邑於道咸間曾數次爲英法占領，人民沾染西語，開始重商，群起造戶經商，於是風俗日變，不重儒，應科試者少。士子多志在通曉英算，俾他日可得商業高位。光緒以來僑外人數逾十萬家，資財甚巨，萬者亦有

之。[18]

　　經濟轉型帶來觀念更新，仕紳們均感到傳統儒學已不合時尚，特別是那一些經商致富者，也由於跟外界接觸多，思想觀念比一般人更加開放，束縛較少。中日甲午戰爭後，興辦新制學堂已在當地仕紳中蔚成風潮。例如，瑞安仕紳孫詒讓在給友人信中談到：「近者亞洲強國競爭方烈，救災拯溺，貴於開悟國民，耕耘科學。不妄囊者所業，固愧當苟以陳，屠龍無用，故平日裡在鄉里未學與少年學子論經子古義。及兒輩入學校，亦惟督以科學。」[19]由於思想逐漸更新，進而改變傳統教育模式，再加上浙江省人士素來重視教育，又長期受到經世致用學風薰陶，地方仕紳憂國憂民思想尤為強烈。也因為如此，所以在國家有危難危及之關鍵時刻時，教育救國思想一經提倡，就群起響應，迅速蔚成風潮。[20]

　　孫詒讓雖為清朝「樸學大師」，但頗留意西學，他於光緒二十二年（1896）在家鄉瑞安創立設計學堂，後又創設方言館、瑞平化學學堂、瑞安普通學堂、蒙學堂、高等小學堂、女子初等學堂等。孫詒讓興學以「普及教育、保存國粹、注重小學應用科目、獎勵女學、破除

---

[18] 陳訓正等纂（1924），《定海縣志第二冊》，出版地不詳，旅滬同鄉會出版，頁551-552。

[19] 溫州市政府編（1990），《孫詒讓遺文輯存》，浙江：浙江人民出版社，頁142。

[20] 張彬（1996），《從浙江看中國教育近代化》，廣州：廣東教育出版社，頁108-109。

迷信」爲宗旨。他以「儲才興學」爲己任，晚年多次辭絕清廷詔召，全力投入地方教育事業。光緒二十二年（1896），他除了發起創辦學計館（瑞安中學前身），專授數學，爲全省最早創辦的新制學校，也是全國最早一批專門學校之一。他在光緒三十二年（1906年）擔任浙江省教育總會會長期間，著重於興建與管理新制學堂，並邀請當地仕紳參與新制學堂教育與校務工作，對於浙江省新制學堂教育發展，貢獻厥偉。[21]在此期間，他實際上主持溫州、麗水兩府的教育事業，他銳意籌劃，苦心經營，使兩府十六縣在短短兩三年內，就辦起各級各類學校三百多所，爲浙南新制教育奠定了基礎。又如，蕭山縣地方仕紳們於光緒十九年（1893）改正性義塾爲蒙養小學；紹興仕紳蔡元培創設中西學堂；新昌縣地方仕紳們於光緒二十四年（1898）籌設知新學校，[22]均可作爲仕紳主動籌設與參與興辦新制學堂之明證。

貳、傳統科舉教育無法培育現代化人才

清末仕紳推動新制教育，固然是要爲社會培養現代化的可用人才，亦是感嘆傳統科舉教育無法培育有用人才。中國傳統科舉取士是以「文章撰寫」爲主，教育只重古文教學，內容陳舊迂腐。林紓曾大力抨擊這種積弊，他在〈破藍衫〉中寫道：

---

[21] 李國祁（1982），《中國現代化的區域研究 —— 閩浙台地區（1860-1916）》，台北：中央研究院近代史研究所，頁479。

[22] 金城修（1970），〈陳畬等纂〉，《新昌縣志卷五》，台北：成文出版社，頁62。

破藍衫，一著不可脫，腐根在內誰能拔。案上高頭大講章，
虛題手法仁在堂。子史百家在雜學，先生墨卷稱先覺。腐字
腐句呼清眞，熟字連篇不厭陳。中間能煉雙搓句，即是清才
迥出塵。試南省，捷秋闈，絲綸閣下文章靜。事業今從小楷
來，一點一畫須剪裁。五言詩句六行摺，轉眼旋登御史台。
論邊事尊攘，咬定《春秋》義。邊事淒涼無一言，別裁僞
體先文字。吁嗟乎，堂堂中國士如林，犬馬寧無報國心。一
篇制藝束雙手，敵來相顧齊低首。我思此際心骨衰，如何能
使蒙瞖開。須知人才得科第，豈關科第求人才。君不見曾
左胡，嶽嶽人間大丈夫。救時良策在通變，豈抱文章長守
株。[23]

　　從文章中，可看出為官者眞正要有的是面對時事隨機應變之治事
能力，而不是傳統科舉所注重八股文之「鑽研」。傳統教育八股文之
科舉教育有極大之缺弊，根本無法培育出應對時務人才。林紓在〈村
先生〉也對兒童教育上的揠苗助長方式做了譏諷的描述：「古人小學
進大學，先生躐等追先覺。古人登高必自卑，先生躐等追先知。童子
讀書尚結舌，便將大義九經說。」[24]林紓不滿這種迂腐教育方法，所

23 鄭振鐸（1924），〈林琴南先生〉，《小說月報》第十五卷第十一號，1924
　　年11月，https://zh.wikisource.org/zh-hant/%E6%9E%97%E7%90%B4%E5%8D
　　%97%E5%85%88%E7%94%9F，2020年5月12日閱覽。

24 鄭振鐸（1924），〈林琴南先生〉，《小說月報》第十五卷第十一號，1924
　　年11月，https://zh.wikisource.org/zh-hant/%E6%9E%97%E7%90%B4%E5%8D
　　%97%E5%85%88%E7%94%9F，2020年5月12日閱覽。

以提出了「向西方學習」的主張，希望引進西方新制教育，藉此振興教育，改革傳統教育長久之積弊。

中國近代歷史上一位偉大的啓蒙思想家及教育家──嚴復，他主張改變中國傳統教育體制與教學內容，引進西方教學內容與方法，他認爲中國傳統教育結構腐朽不堪，弊端百出，已經不能符合清末富國強兵的需要，培養出新人才。因此，嚴復說：「至於吾民，則始亦無論學校已廢欠矣，即使尚存如初，亦不過則民之俊秀者而教之。至於窮家之子，編戶之氓，則自襁褓以至成人，未學聞有敦教之者也。」[25]因此，他主張更新教學內容，加重自然科學教學分量。嚴復援引日本爲例：

> 西洋今日，業無論兵、農、工、商，治無論家、國、天下，蔑一事焉不資於學。錫彭塞勸學篇嘗言之矣。繼今以往，將皆視物理之明昧，爲人事之廢興。各國皆知此理，故民不讀書，罪其父母。日本年來立格致學校數千所，以教其民，而中國忍此終古，二十年以往，民之愚智，益復相懸，以與逐利爭存，必無幸矣。記曰：「學然後知不足。」公等從事西學之後，平心察理，然後知中國從來政教之少是而多非。即吾聖人之精意微言，亦必既通西學之後，以歸求反觀，而後有以窺其精微，而服其爲不可易也。夫中國以學爲明善復

---

25 嚴復（1982），〈論治學治事宜分二途〉，見王栻著，《嚴復集（一）》，北京：中華書局，頁90。

初，而西人以學爲修身事帝，意本同也。惟西人消修身事帝，必以安生利用爲基，故凡遇中土旱乾水溢，饑饉流亡，在吾人以爲天災流行，何關人事，而自彼而論，則事事皆我人謀之不臧，甚且謂吾罪之當伐，而吾民之可吊，而我尚傲然弗屑也，可不謂大哀也哉！[26]

　　從上述，我們認知中日在教育內容改革所呈現差距，數年後，中日兩國國民智力即有懸殊相差之結果，兩國國力呈「日強中弱」之局面。因此，嚴復主張傳統教育改革，廢除八股文教學，將西方自然科學與西文教學（英、法、德、義擇其一）加入教學內容，爲期當時先見之明。嚴復認爲中國教育要現代化，要促使中國強盛強大，必要打破傳統對女子諸多禁例，因此他爲女子教育會寫序，且大力提倡女子教育，爲中國女子解脫傳統束縛努力。嚴復著力推展教育救國，盼使中國教育改革，役使中國現代化。也就是如此，嚴復熱衷推動新制教育，改革傳統教育，翻譯與引進西方先進知識，最終要使中國強大、富庶。

參、興辦專業教育培養人才

　　在福州仕紳興辦新制學堂方面，光緒三十一年（1905），嚴復、

---

[26] 嚴復，〈救亡決論〉，https://zh.m.wikisource.org/zh-hant/%E6%95%91%E4%BA%A1%E6%B1%BA%E8%AB%96，2020年7月16日閱覽。

陳寶琛、林紓、孫幼谷等熱心教育的福州仕紳發起籌建「閩省學會」，第二年更名「福建教育總會」，首任會長即爲陳寶琛。陳寶琛推崇漢學，曾上摺將黃宗羲、顧炎武從祀文廟。他推崇「學惟世用，用貴適時」[27]之人生哲學，重世界之變化，更爲可貴的是，他非常注重「夷情」，對西方文化他沒有一般傳統士大夫排外主義的偏執，他瞭解與支持中西文化交流與中西教育傳承。他一生豐富經歷幾乎與教育結下不解之緣，主張重視職業教育培養，培育西方先進產業實務人才。戊戌變法時期，由於他傾向改革，支持新政，所以被免官在家，不意卻爲家鄉福州培育新制教育發展，領導與創辦福建省西式學堂，爲家鄉新制教育體制立下堅固基礎。

這三位福州仕紳，在興辦專業教育新制學堂上，可歸納爲二類：

一、師範教育

光緒二十一年（1895），陳寶琛與福州當地仕紳合辦傳統性質的陶南書院與鼇峰書院，並出任後者的山長（校長）。後光緒二十二年（1896），陳寶琛與福州仕紳孫葆縉、林紓等於南台蒼霞洲林紓舊宅興辦「蒼霞精舍」，蒼霞精舍可說是當時福建新制學堂之領頭羊。於光緒二十四年（1898）七月，陳寶琛又與孫幼谷等仕紳捐資籌辦「福州東文學堂」，聘請日本人爲日文老師。這間新制學堂爲當時福州預備要留日的學子，學習日語的場所，爲培養及解決外文翻譯人才所設

---

[27] 陳寶琛（2006），《滄趣樓文存（下）》，上海：上海古籍出版社，頁67。

的新制學堂。

　　光緒二十九年（1903），全閩師範學堂而後改名「福建師範學堂」，是福建第一所專門培養中、小學新制教育師資之師範學校，其辦校宗旨正如陳寶琛所言：「教育根本在小學，造端在師資，遂辦師範學堂……造就高等學生，必先從小學、中學層延而上……然辦理中小學堂，又必須先培初級、優級師範人才。」[28]陳寶琛等開辦各類學校師資人才，要求培育出師資是高品質之人才，因爲唯有高品質師資，才能有高品質新制教育之學生。也唯有高品質新制學堂學生，方能建設強國強種中國。所以，在興辦全閩師範學堂初期，陳寶琛就派教師和學生留日，這是福建省第一次公費師範生赴日留學。而後，師範傳習所設立時，第一批所聘用的師資，就是這批留日師範畢業生。而後，陳寶琛又陸續精選成績優秀四十名留學生赴日本東京的宏文與經偉兩所學校，[29]專攻師範教育，他們畢業後回校任教。除此之外，陳寶琛還會選派教師到國內名校留職進修，藉此來提高師資水準。陳寶琛更對教師教學態度及教學品質有高規格之要求，正如福建優級師範學堂規定：「任課教師必須按學年學期擬定授課進度表交教務處備查。教師必須準時上課，精心指授，不厭繁瑣，務使學生明白曉暢爲

---

[28]　〈福建教育總會一覽〉，轉引自劉海峰、庄明水（1996），《福建教育史》，福建：福建教育出版社，頁227-314。

[29]　檀仁梅、庄明水（1990），《福建師範教育史》，福建：福建教育出版社，頁14。

止。課堂有不明曉之處，課外必須繼續輔導，求詳盡。」[30]

戊戌變法後，福州仕紳努力籌辦新制學堂、新制教育。陳寶琛於「癸卯學制」頒行後，於光緒三十三年（1907）一月，在福建師範學堂增設「優級師範選科」。所謂優級師範選科就是與高等學堂相等，由初級師範學堂及普通中學堂畢業生考入，目的是在培養上述二項學堂之教師，三年畢業。至於學堂之興設，優級師範則京師及各省城各設一所。

二、職業教育

據《古今圖書集成》卷一○一〈食貨典〉記載，福州地區於明末清初之時，已有良好之商業經濟發展規模。其文曰：「福清縣民半逐工商為業」。[31]清朝時，當地農業經濟作物交易興盛，福州農業商品交易產業發達。到中英鴉片戰爭後，福州地區農業商品化及傳統工商業更加發達，而後中英五口通商條約簽訂；在外國商貿進駐下，傳統工商業不敵西方貿易商漸趨沒落。為此，閩浙總督卞寶第召集福州官員、仕紳、商民代表，於光緒十四年（1888）聯合出資成立織布局，所謂「招集織徒市購織具，量給伙食，限以三月學成，領機婦織」，發展到十九世紀末，福州地區已發展成「大機坊備有布機三十部，小機坊亦備有數部，都是雇用工人織布，工資，男工一日織三匹者，每

---

30 福建省地方志編委會（1998），〈福建省志教育志第八章師範教育〉，《師範教育》，福建：方志出版社，頁520-521。

31 林慶元（2001），《福建近代經濟史》，福建：福建教育出版社，頁97-98。

匹七十五文，女工一日織二匹者，每匹六十文」。其時，福州及周圍
地區手工織布機坊已發展到五百多家，[32]促成福州紡織新型產業鏈形
成及發展，福建省福州地區現代工商業推展，新制教育推展有其一定
舉足輕重地位。光緒二十六年（1900），陳寶琛與其他福州仕紳籌辦
「私立福州蠶桑公學」，這是一所福建當時最早的職業新制學堂，為
福建「官立蠶業學堂」之前身。在農業教育方面，他於光緒三十三年
（1907）籌辦「福州農事試驗場農業別科」，此即為福建「官立農業
學堂」前身。在商業教育方面，他於光緒三十二年（1906）籌辦及擔
任首任「福建官立商業學堂」監督。

　　而相關新制產業培育機構與新制學堂隨其發展，其最重要一項指
標，就是「福州船政局」的建置。清同治五年（1866），在時任閩浙
總督左宗棠倡議下，推薦由沈葆楨任總理船政大臣，執掌於福州馬尾
港所創之福州船政局；同年沈葆楨於福建福州馬尾港創設「福州船政
學堂」，這是一間專門為福建船政培訓海軍及現代航運專業人才所設
置。福州船政局及福州船政學堂在當時中國是彙集現代輪船製造與現
代航運行政管理人才培養於一體，福州船政局可說是當時中國最早使
用機器生產之現代官營最大造船廠，從西元1867年創建至西元1907年
關閉，總共建造四十四艘各類軍艦及商輪，其現代輪船生產之水準，
謂為不差。[33]

---

[32] 林慶元（2001），《福建近代經濟史》，福建：福建教育出版社，頁97-98。

[33] 林慶元（1999），《福州船政史稿》，福建：福建人民出版社，頁440-441。

西人專恃其槍炮，輪船之精利，故能橫行於中土；中國向用
之弓矛、小槍、土炮不敵彼後門進子之來福槍炮，向用之
帆蓬舟楫、艇船、炮筏不敵彼輪機飛駛之軍船，用之帆建舟
楫，不敵船巨艦，是以不得不受制於西人。[34]

中國傳統知識分子對於西學引進與改革觀念建構正如前文李鴻章
所敘：「西人專恃其槍炮，輪船之精利，故能橫行於中土；中國向用
之弓矛、小槍、土炮不敵彼後門進子之來福槍炮……。」中英鴉片戰
爭後，中國已有少數仕紳認為「西方蠻邦」的優點是值得我們中國人
改進學習，中英法聯軍進占北京，中國人遭受更大的屈辱，使其更多
仕紳決心覺醒。同治五年（1866），沈葆禎創設原名「求是堂藝局」
之福州船政學堂，該校「採西學，制洋器」，專門培育現代專門造船
工業技術、駕駛輪船、船政管理與海軍軍事之新制學堂。

清末福州仕紳致力推動職業新制學堂，當時的福建教育總會有著
推波助瀾的作用。正如福建教育總會創建宗旨所述：「宏教育之知
識，培辦學之人才，冀教育漸以發達。」為此現代商業、先進農業及
現代紡織業推展所需人才所興辦職業新制學堂，適應現代社會改革產
業革新所需人才，正是福州仕紳興辦職業新制學堂內心驅動所在，亦
是他們教育改革旨要之所在。這幾所職業新制學堂為當時福建地區培
養了一批掌握熟練技藝的實業人才，對當時福州地區現代產業穩定發

---

[34] 《李文忠公傳》，奏稿，卷十九，頁61-62。

展提供很多貢獻。

肆、興辦女學培育女子人才

　　林紓認爲，中國傳統觀念重男輕女，女子不能求學，神智昏錮，識見短淺。反觀西方因女子受教育，成爲社會發展的支柱，因此他認爲應積極興辦女學，讓女子受教育學知識，是改革傳統教育弊端的重點之一。他在〈興女學〉一文中寫道：

> 興女學，興女學，群賢海上眞先覺。華人輕女患識字，家常
> 但賣油鹽事。夾幕重簾院落深，長年禁錮昏神智。神智昏來
> 足又纏，生男卻望全先天。……西官以才領右職，典籤多出
> 夫人力。……女學之興系匪輕，興亞之事當其成。興女學，
> 興女學，群賢海上眞先覺。[35]

　　興辦女學方面，陳寶琛於光緒二十九年（1903）協助夫人王眉壽籌辦「女子師範傳習所」，宣統二年（1910）改名爲「福州女子初級師範學堂」，並附設幼稚園；福州女子初級師範學堂是當時福建省第一所女子培育師範專業新制學堂。而爲了福州地區工商業發展所需，

---

[35] 林紓，〈閩中新樂府「興女學」〉，https://zh.wikisource.org/wiki/%E9%96%A9%E4%B8%AD%E6%96%B0%E6%A8%82%E5%BA%9C，2020年5月9日閱覽。

福州仕紳亦培養女子職業人才，陳寶琛於光緒三十三年（1907）創辦「福建女子職業學堂」與「蠶桑女學堂」。[36]這兩所職業女子新制學堂為當時福建地區培養了一批掌握熟練技藝的女性技術人員，對當時福州地區「新式」產業發展貢獻很大。

辦女校推翻了中國近兩千年對婦女禁錮之傳統，這需要極大努力與勇氣，更是洞悉遠見之為。中國數千年傳統社會觀念「女子無才便是德」，根深柢固，不准女子進學校讀書接受教育，就算維新之後興起新制學堂教育之風氣，官方還是不准女子上學受教育。光緒二十九年（1903）十一月二十六日所頒「奏定學堂章程」條文寫道：

> 少年女子斷不宜令其結隊入學，遊行街市，且不宜多讀西書，誤學外國習俗，致開自行擇配之漸，長蔑視父母夫婿之風。故女子只可於家庭教之，或受母教，或受保姆之教，令其能識應用之文字。[37]

從「奏定學堂章程」這一段文字就可以瞭解到，雖當時維新西化運動推展，新制教育推展，但傳統思想仍舊沿襲未改。最後在當時知識界和社會各地仕紳的呼籲與改革之聲日漲，終迫政府於光緒三十三

---

[36] 朱有瓛（1989），《中國近代學制史料第二輯下冊》，上海：華東師範大學出版社，頁80。

[37] 奏定學堂章程（1903），奏定蒙養院章程及家庭教育法章程，光緒二十九年十一月二十六日頒布。

年（1907）制訂頒布「奏定女子學堂章程」，從此，中國女學子方能正式進校接受教育與學習。

然而，「奏定女子學堂章程」頒布前後，各地阻撓破壞女學堂及查禁裁撤女學堂事件[38]仍不時發生。就福州地區，不論「奏定學堂章程」或是社會反女學的壓力，光緒二十九年（1903）陳寶琛夫人王眉壽已經籌辦女子師範傳習所，不畏大環境阻隔及守舊不利氛圍。林紓、陳寶琛就是憑著教育救國理想和對新制教育的識見，奮力勵行，為福建、為中國近代男女平等教育革新。

有關福州仕紳籌辦新制學堂彙集整理，如表5-1。

表5-1　福州仕紳籌辦新制學堂彙整表

建校時間	學校名稱	建校者	備註
光緒二十二年（1896）	蒼霞精舍	林紓、陳寶琛、孫葆縉	福州第一間新制學堂
光緒二十四年（1898）	福州東文學堂	陳寶琛、孫幼谷	
光緒二十六年（1900）	私立福州蠶桑學堂	陳寶琛	福建省第一間職業新制學堂
光緒三十二年（1906）	女子師範傳習所	陳寶琛、王眉壽	
光緒三十二年（1906）	福建師範學堂	陳寶琛、陳仰祈	全閩師範改名

38　朱有瓛（1989），《中國近代學制史料第二輯下冊》，上海：華東師範大學出版社，頁649-655。

表5-1 福州仕紳籌辦新制學堂彙整表（續）

建校時間	學校名稱	建校者	備註
光緒三十二年（1906）	福建官立商業學堂	陳寶琛	
光緒三十三年（1907）	全閩師範學堂	陳寶琛、陳仰祈	
光緒三十三年（1907）	福建優級師範學堂	陳寶琛	
光緒三十三年（1907）	福州農事試驗場農業別科	陳寶琛	官立農業學堂前身
光緒三十三年（1907）	福建女子職業學堂	陳寶琛	
光緒三十三年（1907）	蠶桑女學堂	陳寶琛	
宣統二年（1910）	福州女子初級師範學堂	陳寶琛、王眉壽	福建省第一間女子師範學堂

資料來源：作者自製，本表依據薛菁、翁偉志、何連海（2013），《閩都教育史》，北京：北京大學出版社，頁90。

綜合以上所敘，在清末的教育改革建構新制教育體制過程中，福州三位仕紳著力於愛國情操的強化與專業知識的提升。對於當時與後世的社會，均有極大的影響。

第六章
福州仕紳推動新制教育文化角色的執行

　　本章著重文化角色，在於探討清末福州仕紳如何藉推動新制教育提升當時中國的西學文化水準。在林紓、嚴復之前，中國社會對西方學術與文學，一無所知，透過兩位對西方小說、社會科學知識的譯介，方知一二。清末福州仕紳在國家面臨存亡之際，運用自己力量救亡圖存。本章論述重點有二：一為兩位仕紳翻譯作品的介紹；二為翻譯的原則與斟酌之處。

第一節　林紓譯著的文化教育

　　本節主要探討林紓各種譯作、翻譯西文的原則及受後世學者批判之處。

壹、林紓翻譯之作品

　　林紓翻譯外國著名文學作品，類型包羅萬象，總計先後共譯作品二〇三種（所譯作品能明確查考到原著者的有一八一種，生前未刊者有二十二種）。語言則涵蓋美國、英國、法國、俄國、希臘、德國、日本、比利時、瑞士、挪威、西班牙等十幾種語系的作品。他首次翻譯的作品是與精通法文的王壽昌合譯法國小仲馬（Alexandre Dumas fils）《巴黎茶花女遺事》（*La dame aux camélias*）等五種；譯得最多的是英國哈葛德（Sir Henry Rider Haggard）的作品，有《迦因小傳》（*Joan Haste*）等二十種；次多為英國柯南・道爾（Sir Arthur

Ignatius Conan Doyle）所著等七種。另外，譯有俄國托爾斯泰（Lev Nikolayevich Tolstoy）所著等六種；英國狄更斯（Charles John Huffam Dickens）所著等五種；莎士比亞（William Shakespeare）所著等四種；司各特（Walter Scotus）所著等三種；美國歐文（Washington Irving）所著等三種；法國大仲馬（Alexandre Dumas）所著等二種。其他重要譯作如：希臘《伊索寓言》（*Aesopus moralisatus*）、挪威易卜生（Enrik Ibsen）的《梅孽》（又譯《群鬼》）（*Ghosts*）、西班牙賽凡提斯（Miguel de Cervantes）的《唐吉訶德》（*Don Quixote*）、英國丹尼爾‧笛福（Daniel Defoe）的《魯賓遜飄流記》（*Robinson Crusoe*）、菲爾丁（Henry Fielding）的《洞冥記》（又譯《從陽世到陰間的旅行》）（*A Journey from This World to the Next*）、強納森‧史威夫特（Jonathan Swift）的《海外軒渠錄》（又譯《格列佛遊記》）（*Gulliver's Travels*）、羅伯特‧路易斯‧巴爾福‧史蒂文森（Robert Lewis Balfour Stevenson）的《新天方夜譚》（*The New Arabian Nights*）、查爾斯蘭姆（Charles Lamb）的《莎士比亞戲劇故事集》（*Tales from Shakespeare*）之〈吟邊燕語〉、安東尼‧霍普（Anthony Hope）的《西奴林娜小傳》（*A Man of Mark*）、美國哈里特‧伊莉莎白‧比徹‧斯托（Harriet Elizabeth Beecher Stowe）的《黑奴籲天錄》（又譯《湯姆叔叔的小屋》）（*Uncle Tom's Cabin: Life Among the Lowly*）、法國歐諾黑‧德‧巴爾札克（Honoré de Balzac）的《哀吹錄》、雨果（Victor Marie Hugo）的《雙雄義死錄》（*Quatre Vingt Treize*）、日本德富健次郎的《不如

歸》。其一生翻譯小說所譯作品甚爲豐富，爲中國近代翻譯界所少見。林氏並以「林譯小說」享譽世界，被尊稱爲「譯界之王」。[1]林紓在近代中國傳播西方文學上，有其不可磨滅的成就，對中國文化現代化有極高的貢獻。藉著他的抒情、寫實、描物之擅長筆法，引進當時西方流行著名文學，其譯作拓展了中國人的視野，更促進中國現代文學的革新。林紓譯作總覽，按合譯者排序之彙整表，如表6-1。

表6-1　林紓譯作總覽表

書名（書另譯名）	原作者（原名）	與林紓合譯者姓名
伊索寓言	伊索	嚴培南、嚴璩
蘆花餘孽	色東·麥里曼（Hugh Stowell Scott）	魏易
騙術翻新	-	魏易
藕孔避兵錄	菲利浦斯·奧本海姆（E. Phillips Oppenheim）	魏易
雙孝子喋血酬恩記	大衛·克里斯蒂·莫瑞（David Christie Murray）	魏易
橡湖仙影	哈葛德	魏易
髯刺客傳	柯南·道爾	魏易
彗星奪婿案	卻洛得倭康、諾埃克爾司	魏易
劍底鴛鴦	沃爾特·司各特	魏易
電影樓台	柯南·道爾	魏易

1　陳虹（2012），〈高校圖書館林紓文化特藏資源概況與展望 —— 以福建工程學院爲例〉，《長春師範學院學報》第三十一卷第三期，頁182-183。

表6-1　林紓譯作總覽表（續）

書名（書另譯名）	原作者（原名）	與林紓合譯者姓名
賊史（孤雛淚）	狄更斯	魏易
滑稽外史（尼古拉斯·尼克爾貝）	狄更斯	魏易
塊肉餘生述（大衛·科波菲爾）	狄更斯	魏易
塊肉餘生述後編	狄更斯	魏易
黑奴籲天錄（湯姆叔叔的小屋）	斯托	魏易
黑太子南征錄	柯南·道爾	魏易
蛇女士傳	柯南·道爾	魏易
脂粉議員	司丟阿忒	魏易
神樞鬼藏錄	阿瑟·毛利森（Arthur Morrison）	魏易
海外軒渠錄（格列佛遊記）	喬納森·史威夫特	魏易
旅行述異	華盛頓·歐文	魏易
拿破崙本紀	洛克哈特（John Gibson Lockhart）	魏易
埃斯蘭情俠傳	哈葛德	魏易
英孝子火山報仇錄	哈葛德	魏易
紅礁畫槳錄	哈葛德	魏易
洪罕女郎傳	哈葛德	魏易
恨綺愁羅記	柯南·道爾	魏易
拊掌錄（見聞札記）	華盛頓·歐文	魏易

表6-1 林紓譯作總覽表（續）

書名（書另譯名）	原作者（原名）	與林紓合譯者姓名
金風鐵雨錄	柯南・道爾	魏易
花因	幾拉德	魏易
空谷佳人	博蘭克巴勒	魏易
孤星淚	雨果	魏易
孝女耐兒傳 （老古玩店）	狄更斯	魏易
吟邊燕語	莎士比亞	魏易
西奴林娜小史	安東尼・霍普	魏易
西北亞郡主別傳 （*For Love or Crown*）	騎蒙特 （Arthur W. Marchmont）	魏易
肉券	-	魏易
玉雪留痕	哈葛德	魏易
天囚懺悔錄	約翰・沃克森罕 （John Oxenham）	魏易
不如歸	德富健次郎	魏易
大食故宮餘載 （阿爾罕伯拉）	華盛頓・歐文	魏易
英國大使紅繁露傳	阿克西	魏易
十字軍英雄記	沃爾特・司各特	魏易
蠻荒志異	哈葛德	曾宗鞏
鐘乳骷髏	-	曾宗鞏
霧中人	哈葛德	曾宗鞏
魯賓遜飄流記	丹尼爾・笛福	曾宗鞏

表6-1　林紓譯作總覽表（續）

書名（書另譯名）	原作者（原名）	與林紓合譯者姓名
新天方夜譚	史蒂文森	曾宗鞏
斐洲煙水愁城錄	哈葛德	曾宗鞏
鬼山狼俠傳 （百合娜達）	哈葛德	曾宗鞏
荒唐言	斯賓塞	曾宗鞏
埃及金字塔剖屍記	哈葛德	曾宗鞏
美洲童子萬里尋親記	奧爾登	曾宗鞏
利俾瑟戰血餘腥記	厄克曼一查特里安	曾宗鞏
三千年艷屍記	哈葛德	曾宗鞏
鷹梯小豪傑	夏綠蒂・瑪麗・尤吉 （Charlotte Mary Yonge）	陳家麟
鸝巢記	威斯	陳家麟
魔俠傳（唐吉訶德）	賽凡提斯	陳家麟
鐵匣頭顱	哈葛德	陳家麟
癡郎幻影	賴其鎧	陳家麟
織錦拒婚	-	陳家麟
薄倖郎	梭沃思	陳家麟
璣司刺虎記	哈葛德	陳家麟
橄欖山	-	陳家麟
歐戰春閨夢	高桑斯	陳家麟
雷差得紀 （查理二世）	-	陳家麟
賂史	厄普得	陳家麟
詩人解頤語	倩伯司	陳家麟

表6-1　林紓譯作總覽表（續）

書名（書另譯名）	原作者（原名）	與林紓合譯者姓名
殘蟬曳聲錄	測次希洛	陳家麟
凱撒遺事 （裘利斯‧凱撒）	莎士比亞	陳家麟
現身說法 （童年少年青年）	列夫‧托爾斯泰	陳家麟
鬼窟藏嬌	武英尼	陳家麟
泰西古劇	戴維森 （Gladys Davidson）	陳家麟
桃大王因果錄	參恩	陳家麟
紅篋記	希登希路	陳家麟
炸鬼記	哈葛德	陳家麟
柔鄉述險	利華奴	陳家麟
恨樓情絲	列夫‧托爾斯泰	陳家麟
哀吹錄	巴爾扎克	陳家麟
俄宮秘史	丹考夫	陳家麟
金梭神女再生緣	哈葛德	陳家麟
社會聲影錄	-	陳家麟
奇女格露枝小傳	瑪麗‧考登‧克拉克 （Mary Cowden Clarke）	陳家麟
貝克偵探初編（The Quests of Paul Beck） （貝克偵探續編）	馬克丹諾‧保德慶（Matthias McDonnell Bodkin）	陳家麟
西樓鬼語	約克魁迭斯	陳家麟
戎馬書生	尤吉	陳家麟

表6-1　林紓譯作總覽表（續）

書名（書另譯名）	原作者（原名）	與林紓合譯者姓名
妄言妄聽	美森	陳家麟
石麟移月記	馬格內	陳家麟
古鬼遺金記	哈葛德	陳家麟
木馬靈蛇	包魯烏因	陳家麟
雲破月來緣	鶡剛偉	胡朝梁
情海疑波	道因	林凱
愛國二童子傳	沛那	李世中
離恨天（保爾和薇吉妮）（*Paulet Virginie*）	森彼得（Bernardin de Saint-Pierre）	王慶驥
鸚鵡緣（鸚鵡緣續編）（鸚鵡緣三編）	小仲馬	王慶通
蟹蓮郡主傳（攝政王之女）	大仲馬	王慶通
洄上花	爽梭阿過伯（科佩）	王慶通
香鈎情眼（安東尼）	小仲馬	王慶通
血華鴛鴦枕（克列蒙梭的事業）	小仲馬	王慶通
伊羅埋心記	小仲馬	王慶通
九原可作	小仲馬	王慶通
巴黎茶花女遺事	小仲馬	王壽昌
曨目英雄	泊恩	毛文鐘
雙雄義死錄	雨果	毛文鐘

表6-1 林紓譯作總覽表（續）

書名（書另譯名）	原作者（原名）	與林紓合譯者姓名
厲鬼犯蹕記	安司倭司	毛文鐘
僵桃記	-	毛文鐘
滄波淹諜記	卡文	毛文鐘
情翳	魯蘭司	毛文鐘
情天補恨錄	克林登	毛文鐘
鬼悟	署威而司	毛文鐘
馬妒	高爾忒	毛文鐘
埃及異聞錄	路易	毛文鐘
怪董	伯魯夫因支	毛文鐘
沙利沙女王小記	伯明罕（George A. Bir-mingham）	毛文鐘
妖髦纏首記	巴文（Marjorie Bowen）	毛文鐘
以德報怨	沙士司衛甫	毛文鐘
羅剎雌風	希洛	力樹萱
情窩	威利孫	力樹萱
羅剎因果錄	列夫・托爾斯泰	
雙雄較劍錄	哈葛德	
檢查長	亨利	
樂師雅路 （白苾遺事）	列夫・托爾斯泰	
撒克遜劫後英雄略	沃爾特・司各特 （艾凡赫）	
群鬼（梅孽）	易卜生	
綁票	亨利	

表6-1　林紓譯作總覽表（續）

書名（書另譯名）	原作者（原名）	與林紓合譯者姓名
歇洛克奇案開場（福爾摩斯的血字的研究）	柯南・道爾	
想夫憐	克雷	
黑樓情孽	馬支孟德	
象牙荷花	亨利	
焦頭亂額	尼可拉司	
喬叟故事集之加木林	莎士比亞	
魚雁抉微（波斯人信札）	孟德斯鳩	
魚海淚波	皮埃爾・洛蒂（Pierre Loti）	
訪員	亨利	
球房紀事	列夫・托爾斯泰	
深谷美人	倭爾吞	
偽幣	亨利	
高加索之囚	列夫・托爾斯泰	
破術	亨利	
迦因小傳	哈葛德	
美人局	亨利	
洞冥記	斐魯丁	
信託公司	亨利	
金礦股票	亨利	
杏核	亨利	

表6-1 林紓譯作總覽表（續）

書名（書另譯名）	原作者（原名）	與林紓合譯者姓名
亨利第四紀 （亨利四世）	莎士比亞	
亨利第六遺事 （亨利六世）	莎士比亞	
亨利第五紀 （亨利五世）	莎士比亞	
回生丸	亨利	
冰雪姻緣 （董貝父子）	-	
冰洋鬼嘯	-	
玉樓花劫	大仲馬	
世界大學	亨利	
女師飲劍記	布司白	
人鬼關頭（伊凡‧伊 里奇之死）	列夫‧托爾斯泰	
一家三千	亨利	

資料來源：作者自製，本表依據維基百科全書—林紓，〈譯作一覽資料
整理〉，https://zh.wikipedia.org/wiki/%E6%9E%97%E7%B4%
93，2020年6月11日閱覽。

貳、翻譯原則——耳受口追

所謂耳受口追，是因為林紓不諳外文，必須藉由懂得西文的人士
合作口譯，然後由他以耳受口追方式轉譯為中文而完成。所以，林
紓用桐城派文言文翻譯了二〇三篇西方文學作品，竟然本身不懂任何

一種外文。而與林紓合作的翻譯作者有：王壽昌、魏易、曾宗鞏、陳家麟、力樹萱、王慶通、王慶驥、毛文鐘、李世中、嚴璩、嚴潛、林騶、陳器、林凱、胡朝梁、廖秀昆、葉于沅、魏瀚、蔡璐、樂賢等共計二十位。就合作頻率言，與林紓合作最多的是陳家麟；次多的是魏易，他倆共合譯過歐美作品五十多篇，合作的作品也被後世學者認爲在「林譯小說」中評價最高。[2]

參、翻譯書籍的選取

　　林紓因不諳外文，因此在原書的選取上，頗爲依賴合作的口譯者。例如，光緒二十八年（1902）嚴復主持京師大學堂中譯書館時，聘請林紓、魏易到館中爲譯員，翻譯英文版法國歷史之《布匿第二次戰紀》（*Second Punic War*）和《拿破崙本紀》（*Napoléon I*）二書即偏勞魏易選取。光緒三十年（1904）張元濟主持商務印書館時，林紓與魏易陸續爲商務印書館翻譯英國狄更斯著作五部小說，包括《滑稽外史》（*Nicholas Nickleby*）、《孝女耐兒傳》（*The Old Curiosity Shop*）、《冰雪姻緣》（*Dombey and Son*）、《賊史》（*Oliver Twist*）及《塊肉餘生述》（*David Copperfield*）；英國司各特著作三部小說分別是《撒克遜劫後英雄略》（*Ivanhoe*）、《十字軍英雄記》（*The Talisman*）及《劍底鴛鴦》（*The Betrothed*）；尚有美國

2　蔡登山（2008），〈林紓的口譯者之一：魏易──另眼看作家之十七〉，《全國新書資訊月刊》民國九十七年十一月號，頁26-30。

歐文著作三部、英國柯南道爾著作七部、英國哈葛德著作七部、其他
著作十五部，亦多由魏易決定。又如哈葛德的《迦因小傳》之前已有
楊紫麟和包天笑兩位的譯本，但翻譯不完整，也是由魏易建議，林紓
才又與魏易重譯此書。魏易選擇這些西方著名文學作品來翻譯，不得
不佩服他獨特眼光。狄更斯的《塊肉餘生述》的翻譯讓林紓很得意，
他曾說道：「近年譯書四十餘種，此為第一，幸海內嗜痂諸君子留意
焉。」[3]

肆、竄改文體或文字原意

　　如以現今學院派翻譯學者而論，林紓的翻譯不無可議之處。除了
林紓不諳外文，全為經他人口譯而來，有失原著之真意。甚早已有
學者批評所有的「林譯小說」都有訛譯、錯譯或大段刪節的地方，因
此林紓譯文訛誤為屬常見。如錢鍾書在《林紓的翻譯》一文中指出：
「林紓不但喜歡刪削原文，有時還忍不住插嘴，將自己的意思或評語
加進去。這時懂西文魏易常常會加以制止。」[4]亦如魏易的女兒魏惟
儀在〈我的父親——魏易〉一文中即說：「林紓先生不太瞭解譯書必
須忠於原文，不可隨意竄改，往往要把自己的意思加進去，自然不免
有時會與父親發生爭執；結果林先生總是順從了父親的意見，僅將自

3　蔡登山（2008），〈林紓的口譯者之一：魏易——另眼看作家之十七〉，
　　《全國新書資訊月刊》民國九十七年十一月號，頁26-30。

4　蔡登山（2008），〈林紓的口譯者之一：魏易——另眼看作家之十七〉，
　　《全國新書資訊月刊》民國九十七年十一月號，頁29。

己的想法寫在眉批裡。」[5]又如，林紓任意刪減原作，像是《唐吉軻德傳》翻譯成《魔俠傳》，《九三年》翻譯成《雙雄義死錄》，而且篇幅大幅縮減，變成薄薄一本。[6]其他譯文訛誤者亦多。[7]再論林紓譯著另一大缺點是，將小說和劇本混爲一談，如莎士比亞、易卜生的劇本〈亨利第四紀〉、〈梅孽〉等，竟改爲小說型態出現，還將原著內文改得面目全非。韓洪舉指出：「林紓有時將劇本誤譯爲小說。如莎士比亞的劇本〈雷差得紀〉、〈亨利第四紀〉、〈亨利第六遺事〉、〈凱撒遺事〉、〈亨利第五紀〉，易卜生的劇本〈梅孽〉，林紓均譯成了小說。」[8]這是翻譯方式的問題。翻譯外國劇本時當然不能隨便譯成小說，所以學界某位學者批評林紓：「原來的詩劇形式給改成散文小說形式。因此，林紓雖然介紹了英國的莎士比亞和斯賓塞爾這兩位大文豪，他的翻譯卻給原著改頭換面，失去原來的風貌了。」[9]

　　雖然，林紓認爲翻譯小說不需講究具體的字句上一一對應翻譯，但有時翻譯的內容與原文不是不翻譯，不然就是竄改原文原意。林

5　蔡登山（2008），〈林紓的口譯者之一：魏易──另眼看作家之十七〉，《全國新書資訊月刊》民國九十七年十一月號，頁29。

6　林薇（1990），《百年沉浮林紓研究綜述》，天津：天津教育出版社，頁166-167。

7　曾錦漳（1966），〈林譯小說研究（上）〉，《新亞書報》第七卷第二期，頁243。

8　韓洪舉（2005），《林譯小說研究──兼論林紓自撰小說與傳奇》，北京：中國社會科學出版社，頁125。

9　曾錦漳（1966），〈林譯小說研究（上）〉，《新亞學報》第七卷第二期，頁243。

紓對此有所解釋，他認爲翻譯重點在於，傳達小說的意境與整體的神韻，讓譯本讀者能體驗與原文讀者一樣的感受；更指出翻譯西文，重點在於讓中國讀者能感受到他的「愛國心」、改革「錯誤傳統」的企圖，才是核心所在。例如，他翻譯《黑奴籲天錄》的目的，就是基於日人革新成功，要用小說中黑奴受虐奮發向上的故事，引導中國讀者愛國心，欲培育其愛國熱情。[10]

　　對於此種譯文將原文節刪、增補或竄改之情形，後世論者也不全然以負面視之，甚至認爲對原文的節刪、增補或竄改，反而增益了原文精彩度、可讀性。錢鍾書曾這樣述說他讀林紓作品的感覺：「他後來重溫了大部分的林譯，發現許多都值得重讀。林紓對原作除了節刪外，還有增補的作用，功力甚至勝過原作的弱筆或敗筆，得出『寧可讀林紓的譯本，不樂意讀哈葛德的原文』的結論。」[11]而名翻譯家高克毅更說：「拿魏、林譯本來跟Nicholas Nickleby原書對照，我發現許多地方譯文流暢，簡潔而傳神，難怪英國翻譯大家韋理（Arthur Waley）要說林紓譯狄更斯的文字有去蕪存菁之妙。」[12]

---

[10] 張俊才（1990），《林紓評傳》，北京：中華書局，頁111-114。

[11] 蔡登山（2008），〈林紓的口譯者之一：魏易 —— 另眼看作家之十七〉，《全國新書資訊月刊》民國九十七年十一月號，頁28-29。

[12] 蔡登山（2008），〈林紓的口譯者之一：魏易 —— 另眼看作家之十七〉，《全國新書資訊月刊》民國九十七年十一月號，頁28-29。

第二節　嚴復譯著的文化教育

　　嚴復翻譯西方著作有《穆勒名學》（*A System of Logic*）、《法意》（*De l'esprit des lois*）、《譯斯氏計學例言》（*Economics*）、《原富》（*The Wealth of Nations*）、《天演論》（*Evolution and Ethics*）、《群己權界論》（*On Liberty*）、《群學肄言》（*The Study of Sociology*）、《社會通詮》（*A History of Politics*）共計八本，彙整為《嚴譯名著叢刊》，計一百九十萬字，其包括按語（即眉批）十六萬字，此源自嚴復本身思想，故合稱譯著。嚴復精心選擇這八部西方學術名著，範圍涵蓋生物學、法律學、政治學、經濟學、分析學及邏輯推理六個面向，可謂當時西方重要社會科學制度理論基礎。嚴復從世界觀方法論的立場引西方科學理論進中國，盼能改變傳統中國人之思考方向，在競爭激烈世界潮流，讓中國能有屹立世界舉足輕重地位。以下茲就嚴復八本譯作之內容與動機，簡單介紹如下。

壹、嚴復譯著介紹

　　嚴復譯著亦多，可分為下列幾類：

一、政治經濟：《穆勒名學》、《譯斯氏計學例言》、《法意》、《原富》

　　在激烈世界的物競天擇運行之中，嚴復明確指出《穆勒名學》必將成為傳統中國士大夫破舊立新思想工具，他期盼其所翻譯西方社

會科學理論能喚醒中國人跳脫陷居傳統迂腐。正如嚴復所說：「復今者勤苦譯書，羌無所爲，不過閔同國之人，於新理過於蒙昧，發願立瞻，勉而爲之。」[13]在《譯斯氏計學例言》中，嚴復說：「其中所指斥當軸之迷繆，多吾國言財政者之所同然，所謂從其後而鞭之。」[14]在《法意》按語中寫道：「其言往往中吾要害，見吾國所以不振之由。」[15]嚴復認爲《原富》及《法意》這兩部理論是可作爲復興中國的一面鏡子。在《原富》及《法意》約三百多條的按語中，除了涵蓋敘明原著的思想觀點外，也反映了中國當時實際社會現況，更反映出嚴復在政治及經濟方面之主張。在《原富》按語中，他強調要自由民主，也強調要發展民族資本主義，反對西方帝國主義在中國的不平等經濟特權，更批判當時中國在貨幣、賦稅、貿易及關稅方面的施政缺失。在《法意》按語中，他主張及宣揚三權分立學說，鼓吹中國要變法維新，批評中國傳統君主制度缺失，提倡民主與平等。[16]

二、物競天擇：《天演論》

嚴復翻譯《天演論》，對中國近代有其重大影響。嚴復知音桐城派首席學者吳汝綸在《天演論——吳序》中寫道：

---

13 《嚴復集》，〈中國哲學書電子化計畫〉，頁527，https://ctext.org/wiki.pl?if=gb&res=683630，2020年5月22日閱覽。

14 《嚴復集》，〈中國哲學書電子化計畫〉，頁98，https://ctext.org/wiki.pl?if=gb&res=683630，2020年5月22日閱覽。

15 嚴復（1909），《法意》，卷十九，北京：商務印書館，頁1。

16 楊正典（1997），《嚴復評傳》，北京：中國社會科學出版社，頁410。

抑嚴子之譯是書，不惟自傳其文而已，蓋謂赫胥黎氏以人持天，以人治之日新，衛其種族之說，其義富，其辭危，使讀焉者怵焉知變，於國論殆有助乎？是恉也，予又惑焉。凡為書必與其時之學者相入，而後其效明。今學者方以時文、公牘、說部為學，而嚴子乃欲進之以可久之詞，與晚周諸子相上下之書，吾懼其傑馳而不相入也。雖然，嚴子之意，蓋將有待也。待而得其人，則吾民之智淪矣。是又赫胥黎氏以人治歸大演之一義也歟。[17]

文中「其義富，其辭危，使讀焉者怵焉知變，於國論殆有助乎？」說明《天演論》為中國提出國族存亡之危機意識，更為中國提供強國強種努力方向，而其理論更深入影響未來中國讀書人之思維。

三、邏輯思考方式：《穆勒名學》及《名學淺說》

近二千年之科舉制度雖考選出做官人才，也促進了中國社會階層流動，但卻封塞中國知識分子的思維方式。因此，嚴復盼藉翻譯《穆勒名學》及《名學淺說》（*Primer of Logic*）兩書，對於近代中國邏輯學建構，開創奠基的作用。嚴復認為，培根（F. Bacon）創立的邏輯學是「一切法之法，一切學之學」。[18]嚴復要從思考方法上，改革

---

17 《嚴復集》，〈中國哲學書電子化計畫〉，頁1318，https://ctext.org/wiki.pl?if=gb&res=683630，2020年5月22日閱覽。

18 《嚴復集》，〈中國哲學書電子化計畫〉，頁1028，https://ctext.org/wiki.pl?if=gb&res=683630，2020年5月22日閱覽。

中國讀書人傳統缺點，加強及彌補中國讀書人傳統思維方式的弱點，他運用西方邏輯學來改革中國封建缺點，更爲後來中國知識界做了啓發效應。

四、自由民主：《群學肄言》、《群己權界論》、《社會通詮》

在近四千年講求「忠於君」封建政治思潮的中國，要推廣自由民主理念有其困難度。嚴復翻譯《群學肄言》、《群己權界論》及《社會通詮》三本書，將當時西方現代社會思想、政治思想引進至中國。例如，書中提到唯心史觀引進，讓中國知識界瞭解到「社會意識」決定一切，社會上所存在的錯誤點是源自已存之社會意識，也就是社會歷史發展軌跡的走向，是由當時該區人群的思想動機、領導人的主觀意志或某種超自然的神祕力量所造成。此觀點否認社會發展有其自身固定的客觀規律。

貳、嚴復翻譯原則

嚴復翻譯的原則之一：喜以先秦古文體裁撰寫翻譯作品。他的第一本翻譯著作《天演論》，是使用先秦古文翻譯湯瑪斯・赫胥黎（T. H. Huxley）的西方哲學著作，這種翻譯語言的選擇，可以說是爲適應當時我們中國的翻譯環境和翻譯本身的能力所選擇出之結果。嚴復是熱愛先秦文言文學者，因此，其翻譯風格和寫作風格必然深受影響。其翻譯著作《天演論》的撰寫風格必須隨其翻譯本人的寫作風

格。嚴復所有的著作都是用文言文模式撰寫。魯迅先生曾稱讚嚴復所翻譯作品，他說道：「當時中國所有翻譯作品最好懂的自然是《天演論》（*Evolution and Ethics*），桐城氣十足，連字的平仄也都留意，搖頭晃腦的讀起來，眞是音調鏗鏘，使人不自覺其頭暈。這一點竟感染了桐城派首領學者吳汝綸，不禁說是足與周秦諸子相上下了。」[19] 嚴復選擇古文也是對原文的適應。

　　翻譯的原則之二：強調信、達、雅。嚴復在《天演論》卷首譯例言提出著名「信、達、雅」[20]翻譯準則，他認爲譯作之「信」就是譯作意義不違背本文，「達」就是譯作不要拘泥於原文形式，而翻譯之文能事以求原意，「雅」則是譯作要脫離只求原文翻譯，要追求翻譯原文內涵之古雅，就是意譯。嚴復也在《天演論》之〈譯例言〉文中曾寫道：

　　　譯事三難：信、達、雅。求其信已大難矣，顧信矣不達，雖譯猶不譯也，則達尙焉。海通已來，象寄之才，隨地多有，而任取一書，責其與於斯二者則已寡矣。其故在淺嘗，一也；偏至，二也；辨之者少，三也。今是書所言，本五十年來西人新得之學，又爲作者晚出之書。譯文取明深義，故詞句之間，時有所傎到附益，不斤斤於字比句次，而意義則不

19　魯迅（1973），《魯迅全集（四）》，北京：人民文學出版社，頁374-375。

20　嚴復（1893），〈天演論譯例言〉，見王栻，《嚴復集（五）》，北京：中華書局，頁1321。

倍本文。題曰達旨，不云筆譯，取便發揮，實非正法。什法師則有云：「學我者病。」來者方多，幸勿以是書為口實也。西文句中名物字，多隨舉隨釋，如中文之旁支，後乃遙接前文，足意成句。故西文句法，少者二三字，多者數十百言。假令仿此為譯，則恐必不可通，而刪削取徑，又恐意義有漏。此在譯者將全文神理，融會於心，則下筆抒詞，自然互備。至原文詞理本深，難於共喻，則當前後引襯，以顯其意。凡此經營，皆以為達，為達即所以為信也。易曰：「修辭立誠。」子曰：「辭達而已。」又曰：「言之無文，行之不遠。」三曰乃文章正軌，亦即為譯事楷模。故信達而外，求其爾雅，此不僅期以行遠已耳。實則精理微言，用漢以前字法、句法，則為達易；用近世利俗文字，則求達難。往往抑義就詞，毫釐千里。審擇於斯二者之間，夫固有所不得已也，豈釣奇哉！不佞此譯，頗貽艱深文陋之譏，實則刻意求顯，不過如是。又原書論說，多本名數格致，及一切疇人之學，倘于之數者向未問津，雖作者同國之人，言語相通，仍多未喻，矧夫出以重譯也耶！[21]

---

21 嚴復（1893），〈譯例言〉，《天演論，卷一天演論（上）》，https://zh.wikisource.org/wiki/%E5%A4%A9%E6%BC%94%E8%AB%96，2018年12月21日閱覽。

　　從上述文意說明嚴復認為翻其譯作要達到「信、達、雅」之標的，而翻譯者必須選擇以譯者自己本身最熟悉的語言來轉寫外文，來對其要翻譯原著作真正之意真切表達，為譯作最妥適之撰寫格式。所以，嚴復選擇先秦桐城派古文體來撰寫其所翻譯之工具。

　　綜之，林紓與嚴復透過桐城古文將西方學說與小說譯介於國人，透過他們的努力，使西學逐漸擴散與接受，現代文壇的一些寫作原則，追溯起來，宜歸功這兩位翻譯文學開拓者。

第七章

福州仕紳推動新制教育管理角色的執行

　　光緒二十二年（1896），在福州仕紳陳璧、孫葆縉、林紓、陳寶琛等多人努力下，創建福州地區第一所新制學堂「蒼霞精舍」。蒼霞精舍是最早開設教授中國傳統知識與西方科學知識融合的課程。於此之後，福建省新制學堂教育（高等教育、中學教育、小學教育、學前教育、師範教育、女子教育、職業教育等）有系統地建構與發展。至光緒末年，福建省已建立各類新制學堂三八五所，在學於新制教育學生多達約二萬多人。[1]

　　所謂管理角色，據指福州仕紳於興辦新制學堂所進行的一連串管理功能的顯示，以使新制學堂運行得當，這一套管理功能包括：經費籌措、師資招募與培育、課程設計等，另外還包括當時所特有的「教育會」。

　　清末中國危殆之際，新制學堂教育籌建經營是許多仕紳努力的結果，他們胸懷強烈的救國救民使命感，在他們不懈籌建下，改革傳統教育，籌建新制學堂。但在現今蒐集有關福州地區仕紳籌建與管理新制教育之相關資料，例如：建校經費籌措、新制教育師資招募與培育、新制學堂校務管理等方面，是零散，是片段，甚且是一無所有。為此，新制教育在福州仕紳管理角色部分，筆者則擴大資料蒐集範圍，涵蓋全中國，以相關資料做其相應佐證，來補其缺失，這亦為此研究之限制之一。

---

[1]　張帆（2001），〈論陳寶琛近代新式教育實踐〉，《福建師範大學學報》2001年第二期，頁142-143。

第一節　學制之改革

所謂「學制」，是指學校教育制度。學制說明各級各類學校教育內部的結構及其相互關係，規定各級各類學校的性質、任務、入學條件、修業年限，以及相互間的銜接、轉換的制度。光緒二十八年（1902），清政府頒布了「欽定學堂章程」，又稱為「壬寅學制」，但「欽定學堂章程」並未實施。光緒二十九年（1903），又頒布了一個「奏定學堂章程」，又稱「癸卯學制」；模仿日本學制之「奏定學堂章程」，是中國近代經正式頒布後第一個在全國實施推行的學制，於辛亥革命後，「奏定學堂章程」被廢止。

清末新制教育多仿外國學制，可以歸納為兩類：一是，以英文、歐文、日文、史地、數學等為主，就是以西方的語言文字、法制規章為主學制規劃之「西政」；二是，以製圖學、礦產管理、醫護學、聲學、光學、化學製造、電學、紡織學、測量學等職業教育為主之「西藝」。

新制教育學制除可分為兩大類之外，尚有「女學」學制之設立，女學學制設立對傳統「重男輕女」中國社會觀念是一大突破性改革。在中國晚清新制教育改革推展歷程中，地方仕紳合組之「教育會」亦是重要推手，在下一節亦會敘述。

壹、西政

十九世紀，嚴復與好友陳寶琛、林紓三人，結合福州當地仕紳在福建省各地相繼創辦許多新制學堂，例如光緒年間，他們三人在福州創辦「蒼霞精舍」及「東文學堂」；在漳州創辦「中西學堂」；在南安、安溪、廈門創辦新制教育小學堂，直到戊戌變法失敗，慈禧下旨停辦新制學堂，但福建省各地新制學堂並沒有遵令停辦，在他們所辦許多新制學堂（例如：小學堂、中學堂、大學堂），在福州最早也具代表性的，是福州仕紳林紓、陳寶琛等人所興辦之蒼霞精舍（紳立中西學堂）。

清光緒二十二年（1896），福州仕紳孫葆瑨（號幼谷）、力鈞（號軒舉）、林紓（字琴南）、任鳴珊（號佩珂）及進士陳壁（號玉蒼）、陳寶琛（號發庵）共同於福州創立新制學堂，校址是林紓在南台蒼霞洲之舊宅，校名訂爲「蒼霞精舍」。

蒼霞精舍由林紓擔任漢文總教習；任鳴珊擔任監學。蒼霞精舍爲一群有維新思想之仕紳所合作創辦，學校是傳統書院形式且以新制教育模式經營之新制學堂。蒼霞精舍的成立，在當時福州「實開風氣之先」。在課程方面，學校開設有中（國學）、西學兩類課程。國學方面有經、史、時務等課程，西學方面有英文、日文、數學、地理等科目。林紓教授國文，主講毛詩及史記。戊戌變法後，學生人數日益增多，學校規模日漸擴大，也因爲如此林紓舊居空間不敷使用，遂遷入城內烏石山麓蒙泉山館，並改名爲「福州紳立中西學堂」。

　　光緒二十四年（1898）七月，在侯官知府陳幼谷倡議下，在福州
仕紳陳寶琛及劉學恂、孫藻晴等努力籌建下，共同合作創建一所以日
文專業教學爲主兼學漢文之新制學堂「福州東文學堂」。在王孝繩於
光緒二十六年（1900）所撰《福州東文學堂三年報告彙編》中，提到
其學校創校緣由：

> 諸君子倡建蒼霞精舍專課英文，二年以來，頗著成效，而日
> 本遠來廣譯西書，富我取資，壤地至近，既魯之閩郏，取徑
> 至捷。[2]

　　因此，決定創辦日文教授爲主之新制學堂。其由劉學恂、陳寶琛
先後任主理總董；陳成侯、林寶崑等任監院；王孝繩、林志鈞等任駐
堂董事；日本人岡田兼次郎、中西重太郎先後任日文總教習；桑田豐
藏任日文副教習；陳成侯任漢文教習；王幼玉、劉功宇等四人先後任
數學教習。學堂的學制爲三年制，其預科一年、本科二年。教授課程
包含日語、讀書、習字、學文、翻譯、西文、外國史、數學、經義、
子書、通鑑、文獻通考、本朝聖訓、名臣奏議、歷代經世文、兼試策
論等。[3]在校三年成績優異學生，畢業後，每學年選出學生二至三名
成績優秀者，送日本留學深造；而如要就業，也會協尋聯繫就業安

2　王孝繩（1901），《福州東文學堂三年報告彙編》，頁2。

3　劉海峰、庄明水（1996），《福建教育史》，福建：福建教育出版社，頁
　　259-260。

排。

光緒二十九年（1903），在「奏定學堂章程」頒行後，陳寶琛與其他福州仕紳劉學恂、陳璧、力鈞、孫幼合、林紓、嚴復等合作將福州東文學堂擴充改辦「全閩師範學堂」。陳寶琛親撰：「溫故知新可以爲師，化民制成俗其必由學」，[4]爲全閩師範學堂初建時之校訓。創校初期，先設特科，學制三年，後設完全科，學制四年；光緒三十一年（1905）又改學制爲五年。從光緒二十九年（1903）至光緒三十一年（1905）三年期間，每年只招收一班學生。由於招生數少，培養年限長，滿足不了各州縣對小學教師的需求，故從光緒三十一年（1905）開始，增設簡易科，大量招收各縣的秀才、童生、舉人、貢生、監生入學，學制一年。光緒三十二年（1906），全閩師範學堂改名福建師範學堂。至宣統元年（1909），已有簡易科畢業生七百人，完全科畢業生一百人，迅速解決福建省全省小學教師緊缺之問題，亦對福建省發展新制基礎教育有相當之貢獻。

貳、西藝

光緒三十三年（1907），陳璧任郵傳部尙書，在回福州查辦福建銅元局舞弊營私案時，鑑於紳立中西學堂與「奏定學堂章程」規定的學校名稱不符合，蒙泉山館腹地面積也不能容納擴大招生的需要，遂

4　劉海峰、庄明水（1996），《福建教育史》，福建：福建教育出版社，頁259-260。

與閩浙總督松壽商議後，決定將福州紳立中西學堂，暫遷華林坊越山書院舊址，並將校名改為「福州公立蒼霞中學堂」，並增設鐵路及電報兩科。光緒三十四年（1908），遷入南台橫山鋪新校舍，改名「官立中等工業學堂」，再增設土木及電氣兩科，原中學各班為預科。宣統二年（1910），再增設窯業科，附設工業教員講習所，在吉祥山校地擴建立各科工廠，作為學生實習場所，聘請施景琛為學堂監督，增聘美國高尼大學鐵路科畢業生武德、美國滔浪渡大學電氣科畢業生范納斯、天津大學堂鐵路工程科學生高善姜、台灣電報學堂畢業生陳起彪等四位擔任各科專業課教師。[5]這是福建省第一所公立工業職業新制學堂，該校校園管理井然有序，學生學習成效令人稱讚，其畢業生在社會上表現有其一定水準。

　　光緒二十六年（1900），私立的「福州蠶桑公學」是福建省最早私人創辦實業教育學堂。光緒二十五年（1899）福州仕紳陳寶琛提議，在該年多天由福州仕紳「募集捐資」，於翌年在福州屏山賢良祠成校，創校初期設有飼蠶及種桑兩科，光緒二十八年（1902）訂定出福州蠶桑公學章程，提出以提倡全閩風氣，開闢閭閻利源為宗旨。開設本科和別科，本科主授蠶業學理兼事實驗，別科則專事實驗兼授學理。該校聘請留學「日本東京蠶業學校」陳耀西為監督，聘請邱中馨為教務長。《東方雜誌》於光緒三十一年（1905）第六期報導曾寫

5　劉海峰、庄明水（1996），《福建教育史》，福建：福建教育出版社，頁285。

到：

> 閩藩周方伯及羅黃兩觀察，均以閩省各處育蠶失敗，實系蠶
> 學未講求之故，現特設一蠶務學堂，招生肄業，已於二月間
> 開學。[6]

光緒三十三年（1907），清廷收回該學堂改爲官設，正式名爲福建官立蠶業學堂，並設本科及別科兩部，開學該年全校有新舊學生四十四名。[7]

福州仕紳陳寶琛於光緒三十三年（1907）籌辦「福州農事試驗場農業別科」，這所是福建當時最早的農業職業新制學堂；在商業職業教育方面，光緒三十二年（1906），他與其他福州仕紳籌辦及擔任首任「福建官立商業學堂」監督。

參、女學

女子教育是一個「社會男女平等」最基本之評量標的。在中國，女子學校教育籌辦源於中英鴉片戰爭後，由西方傳教士藉由通商口岸開放引進之教會教育，隨西方基督教傳教士在傳教過程中包括當今西

---

6 《東方雜誌》光緒三十一年第六期，頁160。

7 劉海峰、庄明水（1996），《福建教育史》，福建：福建教育出版社，頁283-284。

方先進思想例如天賦人權及男女平等之觀念，隨基督教在中國傳播擴展，許多信基督教中國教徒亦接受男女平等之理念，而維新運動後，許多學者及仕紳如王韜、鄭觀應他們意識到女子有其受教權，而提出呼籲及推動。

　　全閩師範學堂監督陳寶琛的夫人王眉壽，於光緒三十一年（1905）在福州創辦「烏石山女塾」，招收少女入學學習。次年，陳寶琛在全閩師範學堂附設「女子師範傳習所」，由陳寶琛夫人任監督，該年招收女生六十餘名。創校第三年，因學生增加，校舍不敷使用，因而移至光祿坊玉尺山房，並分設保姆班和小學教員班。宣統元年（1909），陳寶琛赴京任職後，省提學司決定將女子師範傳習所改爲「福州女子初級師範學堂」，由潘炳年兼任監督。另一間女子學堂是由熱心福建教育之仕紳，如陳寶琛、郭曾炘、鄭錫光、劉學恂、徐友梧、林炳章、孫葆璠等十二位聯合籌資成立，並由福建教育總會之會員捐資在福州城之孝義巷所興辦之「福建女子職業學堂」。該校於光緒三十三年（1907）開始招生，第一年招收女生八十人，分爲本科二級及預科一級，由陳寶琛的夫人王眉壽兼任監督；宣統元年（1909），學堂成立研究科，招收該校畢業生，依此學生專長，分就刺繡、造花、編物、圖畫等四科分組進行學習與研究。宣統元年（1909），城內文儒坊之仕紳陳君新創辦設「蠶桑女學堂」，延聘廣東女教習二人，監督一人，首期招收女生十人入學學習。[8]

8　劉海峰、庄明水（1996），《福建教育史》，福建：福建教育出版社，頁286。

外籍人士在福州地區興辦女子學校比中國人自辦女學還更早。道光三十年（1850）麥利和夫人在福州倉前山自用住宅創辦的女塾；咸豐四年（1854）盧公明（Justus Doolittle）在福州鋪前頂創辦的文山女中；娟標禮（Beulah Woolston）和娟西禮（Sallie H. Woolston）則在咸豐九年（1859）在福州倉前山創辦毓英女子初中。他們爲何要在中國興辦女學呢？華英女子學堂創辦者之一，華惠德這樣說過：

> 在這個南方重要省分福建，向女孩子打開平常初等教育的大門，已經做了幾十年極爲艱苦而不惜一切犧牲的工作了，……如果不是福州毓英寄宿學校爲女孩子打開初等教育的局面，在半個世紀以後，夢想有一個女子學院是不可能的。[9]

而後，又爲了籌辦中國女子高等教育學校，美以美會伊利莎白費楔兒（Elizabeth Fisher）在光緒十一年（1885）福州年議會婦女晚會中發表演講時說道：

> 輪到我講已經太晚了，你們中的一些人甚至想睡了，因此我要投下一枚炸彈。我問大家應該給我們的女孩子們什麽樣

---

9 朱有瓛、高時良（1987），《中國近代學制史料第四輯》，上海：華東師範大學出版社，頁596。

的教育呢？假如我們爲男孩子們提供中學教育，那麼我們就
必須爲女孩子們提供中學教育。假如我們爲男孩子們提供大
學教育，我們就必須爲女孩子們提供大學教育。假如我們爲
男孩子們提供醫學教育，我們就必須爲女孩子們提供醫學教
育。[10]

　　興辦女子新制教育促使改變中國男尊女卑及女人不能受教之傳
統。教會興辦女子教育使一些女子能接受新制教育，打破傳統對女人
禁錮，讓女人走出家庭、走進社會，從事文化及教育工作，投入國家
社會改革運動中堅分子。福州教會女子新制學堂教育爲福建培養了第
一批新女性，他們投入社會改革力量，推動了福州社會改革運動，福
州社會發展種種，他們做出了不可磨滅的貢獻。

　　綜言之，上述在福州女子新制教育興辦之學堂，教育方向著重在
職業訓練及培育師範，爲後來福建省女子師範教育暨職業教育奠定厚
重基礎。這幾所女子新制學堂所培養之學生，整體在社會發展有其傑
出表現，亦說明女子新制學堂在中國近代教育發展史上有其舉足輕重
之地位。

---

[10]　汪征魯（2007），《福建師範大學校史上編》，北京：中國大百科全書出版
　　社，頁57-58。

第二節 教育會之創制

　　新制學堂之籌建、學制之規劃與校務管理等事務，在許多地方是由地方仕紳合組「教育會」之機制來擔綱。

壹、教育會是全省新制學校磋商的平台

　　光緒三十一年（1905），福州熱心教育仕紳如陳寶琛、林炳章、林紓等四十多位，以「學務繁重，不可無聯合商榷之機關。況全省地博，所以謀改良教育，而補佐教育行政者，不可不詳爲研究，爰相集合，設立學會」[11]爲由，籌組「閩省學會」。光緒三十二年（1906）改名爲福建省教育總會，首任會長爲陳寶琛。在他帶領之下，福建省教育總會在福建省努力推展基礎教育，得到很好的成績。經過兩年後（1905-1907），福建省全省小學由原先六十六所擴至三四五所，中學由原六所擴至十六所，還加幼稚園兩所。[12]

貳、教育會注重國內外教育觀摩

　　陳寶琛很重視新制教育中先進之考察與觀摩。在他領導下，福建省教育總會特別設置了調查部。他認爲，「教育上種種有關係之事項

11　福建教育總會（1910），《福建教育總會一覽宣統二年版》，福建：福建省圖書館藏，頁1。

12　張帆（2001），〈論陳寶琛近代新式教育實踐〉，《福建師範大學學報》2001年第二期，頁143。

非調查有素則茫無把握；調查之後，還要詳加討論。」[13]光緒二十四
年（1898），力鈞從日本考察回國向蒼霞精舍同仁敘說他訪日所聞，
福建仕紳孫幼谷、力鈞、劉崇絜、王孝繩、陳寶琛、陳璧幾位，又發
現日本來華學徒所讀的工業學校高等課本，是由中國老子、墨子、荀
子、列子的著述翻譯成日文。他們覺得日本這種「邇來廣譯西書，富
我取資，壤地至近，取徑至捷」，[14]因此，他們決定創辦東文學堂。
陳寶琛在籌辦高等師範教育之際，他兩度派人到日本，考察當時日本
高等師範教育辦學情況，詳細蒐集他們辦校的具體流程及事宜，並借
助聘得日本教師到福州來。[15]不可否認，在創辦福州地區新制教育歷
程中，日本辦學經驗、治校管理、師資培育等方面，使陳寶琛獲益良
多。

又以中國先進上海為例，光緒三十一年（1905）上海地方仕紳成
立「上海私塾改良總會」，並制訂「上海私塾改良總會章程」。以此
章程為例，其重點放在教師培訓和養成上，要求在上海仕紳所設立之
私立新制小學堂，都必須由仕紳所設「速成師範科」所培養之師範科
畢業生，擔任學堂教師。

又自光緒三十一年（1905）起，江蘇省各地先後成立教育協會，

---

[13] 福建教育總會（1910），《福建教育總會一覽宣統二年版》，福建：福建省
圖書館藏，轉引自張帆（2001），〈論陳寶琛近代新式教育實踐〉，《福建
師範大學學報》2014年第二期，頁144。

[14] 王孝繩（1901），《福州東文學堂三年報告匯編》，頁1-3。

[15] 庄明水、檀仁梅（1990），《福建師範教育史》，福建：福建教育出版社，
頁14。

聯合本地私立小學堂制訂自律、自我改造的法規、條例，著手對私立學堂整頓、改良工作。該年上海縣成立私塾改良總會，制訂了「上海私塾改良總會章程」。這個章程將私塾改良的重點，除了放在教師的培訓上，其他諸如課程設置、教科書選擇、教授法及管理方面，均遵會章辦理。比較典型的，如要求各鄉設立的私立小學堂，必須由「速成師範科」畢業生擔任教員等。此外，還有由仕紳合組之私塾改良總會出面，在一些鄉鎮設立初等小學師範講習所。關於教學方法，該章程明確指出：「惟教授悉用新法，重講解不重背誦，先求講明蒙學新書，然後由淺入深，實事求是，務求到館一日，即獲一日之進益。」[16]就以上所述可以知道，地方仕紳舉辦新制學堂，一直以其在中國傳統社會的特殊階層為引導，且以改善國家社會未來發展方向在辦學。

　　所以，地方仕紳所組織之教育會，乃以輔導與改良新制學堂校務為任務。其中，又以浙江省蔡元培在上海所創辦教育會影響力最大。以下就紹興、杭州及奉化三地教育會之會員資格、經費來源、設置宗旨等，整理如表7-1。

16　朱有瓛（1987），《中國近代學制史料第二輯》，上海：華東師範大學出版社，頁317。

表7-1　浙江省紹興、杭州及奉化三地教育會之列表整理

名稱	會員資格	經費來源	建會宗旨	工作範圍	會址
紹興教育會	凡紹興人認可及老會員介紹均可	會員捐助會費每月至少3角	普及紹興府教育	創辦中小學及師範學校	郡城設本會，各縣及省外同鄉流寓處設分會
杭州教育會	不限籍貫，年齡16歲以上合乎本會宗旨，並有會員3人以上介紹者	會員捐助甲等會員每月1元以上，乙等半元，學生減半	聯絡各學堂研究教育之普及與改良，不得置議教育以外諸事	建學校、興辦圖書館、體育講習所、編教科書及雜誌	本會設杭州，由杭州及外籍旅杭者共組
奉化教育會	凡在公私立學校任教及有志教育者	會員量力捐助	興起全縣教育	教科書及教學法之應用與檢討，學校組織之改良、推行及其他如學會、青年演說會與一切改良風俗諸事，並附設體育部	總部設龍津學堂內

資料來源：《浙江潮》第五期，重印本，頁131-139；第九期，頁99-102；及第十期，頁129-133。

從表7-1可看出，當時教育會是一群具有新思想的仕紳為推動地方教育為主要工作重點。

第三節　經費之籌措

清末由於外患及內亂造成中央財政困窘。新政初始，各省公辦新制學堂經費籌集管道很不統一。就相關法規規定，督撫奏設的省城模範小學堂經費來自省公款局；府、州、縣學堂自籌公款經費；仕紳創設的學堂主要由仕紳自己解決，官方只給予象徵性的補助。就算是公辦新制學堂，由於經費籌集並不理想，中央又無立即性經費補助，亦需靠地方仕紳挹注，此時地方仕紳就扮演重要角色。總之，由於經費來源及支出管理極其混亂，很難統計和稽核，此一情況到地方自治開辦以後更為突出。宣統元年（1909），清廷下令「地方教育」作為地方自治的重要內容，要求各省對教育經費進行切實整頓。以江蘇為例，省諮議局把全省教育經費劃分為省教育經費和地方教育經費兩級，實行分級管理。地方教育經費中又劃分出縣、城鎮鄉兩級。在全省教育經費的管理納入新制教育行政體系後，地方教育從而走上規範化的模式。透過此次整頓，全國各地確立了城鎮鄉自治公所作為新制學堂教育創辦及經費籌集的主體。如江蘇省諮議局即明確表示，城鎮鄉興學的重點，在新制學堂教育的推廣和實施。[17]

---

[17] 薛玉琴、劉正偉，〈清末地方自治與近代義務教育的興起〉，江蘇省淮陰師

　　根據光緒三十四年（1908）一月十八日所頒布「地方自治章程」相關規定，城鎮鄉地方自治公所負責籌集地方自治經費，義務教育經費屬於其中之一。各省為保障城鎮鄉義務教育經費的籌集，先後制訂並頒布了多項「經費籌措」政策。如江蘇地區，在全國教育經費整頓中就先後實施了三項重要政策：

壹、劃一抽收捐稅名稱和捐率

　　地方自治章程頒布以前，各府州縣在徵收學務經費時沒有統一規定，各自為政。不但名稱不一，而且徵收額度差異，有的抽收教育特捐，有的徵收公益捐。宣統二年（1910）江蘇省諮議局議決，對於一些特殊商品，適當加重徵收額度，以擴充教育經費。[18]宣統元年（1909）江寧提學使曾經在甯屬地區抽收錫箔捐，其徵收額度為每錫箔一百文抽收錢一文，其中一半劃做學堂經費，另一半則歸地方自治經費。江蘇省諮議局不但對此積極支援，還指出對此類迷信物品，「值百抽一，微細已甚，改為每售價一百文，抽收公益捐五文」。[19]以後，這項特捐陸續在全省各地推行，一定程度上增加了一些地方的教育經費。

　　範學院歷史與社會學系，http://www.pep.com.cn/200301/ca135575.htm，2020年5月30日閱覽。

[18] 江蘇蘇屬地方自治籌備處編（1911），《江蘇省自治公報》，台北：文海出版社，頁12。

[19] 江蘇蘇屬地方自治籌備處編（1911），《江蘇省自治公報》，台北：文海出版社，頁13。

貳、在自治經費內，劃定初等小學堂經費所占的比例

如前所述，初等小學堂的經費包含在地方自治公所抽收的公益捐內，那麼，如何才能確保各地初等小學堂發展，具有較為充足的經費呢？江蘇省諮議局考慮到全省實際情況，做出了一個彈性規定，即按各地自治事務的繁簡分為兩種：自治事務最簡的地方，教育經費不得少於自治經費的十分之八；最繁者，亦不得少於十分之二。各城鎮鄉自治公所在認定教育經費所占比例之後，每年須列入預算表，呈報自治監督，以資稽核。

參、正式實施預算制

宣統三年（1911），江蘇省教育經費正式開始實施預算制，這就是所謂「宣三預算」。預算的目的是對經費實行統籌管理，包括一年內的公益捐，各項特捐在內，江蘇省諮議局要求將所有收入均列入預算系統中，「不足者籌補，不的實者使之的實」。[20]從而，大大提高了新制學堂教育的辦學效益。不僅江蘇如此，這一時期全國各省均在地方自治運動中，開展對教育經費的整頓。依靠地方自治的開辦，規範並開拓新制學堂教育經費的籌措渠道，把自治範圍內民眾的義務、責任和興學緊緊連在一起，也因為如此私辦（仕紳自辦）或是地方政府開辦，辦學經費變得有較為穩定和可靠的經濟來源。

---

20 江蘇蘇屬地方自治籌備處編（1911），《江蘇省自治公報》，台北：文海出版社，頁14-15。

但清末財政困境，新政初始，各省小學堂經費以至公辦各地新制學堂經費籌集管道很不統一，又新制學堂興辦快速，學生人數快速擴展，我們以江蘇省為例，參見表7-2。

表7-2　江蘇省教育發展狀況統計表

縣 項目	學齡兒童就學率（％）	校數	學生數	教育經費投入（萬）
上海	22.97	161	13,528	30～31
無錫	7.04	229	12,574	15～16
青浦	13.19	102	4,708	4～5
華亭	8.84	188	8,198	4～5
金山	8.83	87	3,988	3～4
奉賢	7.46	99	3,941	4～5
嘉定	7.31	101	4,148	4～5
江陰	6.95	133	7,861	5～6
鹽城	6.64	87	2,922	2～3
南匯	5.88	190	10,445	6～7
丹陽	5.06	75	3,312	3～4
崇明	4.20	158	8,781	5～6
如皋	2.61	105	5,105	8～9
東台	1.72	66	2,059	2～3
桃源	1.19	27	751	0～1
安東	-	30	1,022	0～1

資料來源：表中有關學齡兒童就學率、校數、學生數及教育經費投入三項資料，採自江蘇省教育司編纂，《江蘇省教育行政報告書──中華民國紀元前一年十月始二年七月止》。

　　由於新制學堂教育規模擴展快速所需經費極鉅，學堂經費雖有法規明文規定為公款經費，但中央只給予象徵性的補助，其他都需靠地方籌集，但在現實面並不理想，而在此時地方仕紳就扮演重要角色。根據表7-2江蘇省的教育資料，將江蘇省各縣學齡兒童百人中就學率，小學教育狀況結合學校教育費作為各縣的教育情況的參數分析，中央如對教育經費給予足夠補助，地方學堂籌建所需經費必定顯得十分困窘。根據王樹槐先生的《中國現代化的區域研究──江蘇省（1860-1916）》中指出，江蘇省截至宣統元年（1909），合計共有新制學堂2,135所，[21]光緒三十三年（1907）時，江蘇省共有新制學堂學生48,836人，而在該年時的教育經費投入已有2,572,005兩。而絕大多數都是由江蘇省之仕紳所負擔承接。[22]

　　接著，我們再以鄰近浙江省為例，浙江自南宋以來，書院林立，文風鼎盛，也因此在外任官人數眾多，故仕紳階級勢力雄厚，加上地方經濟富裕，捐貸興學風氣興盛，因而仕紳倡辦新制學堂教育較一般內地省分為早為盛。有關浙江省地方仕紳所興辦私立中小學堂，在光緒年間受到上海蔡元培等人所興辦教育會及其他留學生影響，興學猶如雨後春筍，我們以杭州之錢塘及仁和二縣為例，參見表7-3。

---

[21] 王樹槐（1984），〈中國現代化的區域研究──江蘇省（1860-1916）〉，台北：中央研究院近代史研究所，頁235-236。

[22] 王樹槐（1984），〈中國現代化的區域研究──江蘇省（1860-1916）〉，台北：中央研究院近代史研究所，頁249。

表7-3　錢塘及仁和二縣新制學堂概況表

學校別	學校數	班級數	學生人數	備註
中學堂 官立 私立	 1 2	 5 10	 200 300餘人	即省立第一中學堂，光緒27年以養正書塾改設。其中一所係胡煥獨資於光緒28年興辦。
全制小學堂 官立 私立	 無 14	 無 64	 無 逾839人	其中女子小學堂兩所，班級14，人數61。
高等小學堂 官立 私立	 3 2	 12 6	 逾161人 逾100人	三校中有一校為記載人數。 均為八旗子弟學校。
初等小學堂 官立 私立	 26 34	 逾71 逾89	 逾1,073人 逾1,397人	大多為私塾改設。 內中簡易學堂3所共4班，逾128人。
總計 中學堂 小學堂	 3 79	 15 逾242	 逾500人 逾3,570人	

資料來源：龔嘉雋修，李榕纂（1922），《杭州府志卷17》，頁10下至25上。

說明：表中班級數及學生數應為宣統年間數字。

　　根據表7-3，可發現無論中小學堂，私立均多於官立。此處所謂私立，大多仍是地方仕紳們共同創立，有些亦可稱為地方公立，甚至官立也多數得到當地仕紳協助。也可證明本地區興學仕紳主動力量遠大於官府力量。所辦學堂大多為小學堂，特別是初等學堂對本地區教育普及有相當幫助，浙江省仕紳熱心出資興學亦可由其他地方得到明證。根據第一次中國教育年鑑中所記載，民國以前，全國捐資千元以上興學者仕紳共有一一七人，浙江籍有十九人，占16.24%，僅次江蘇32.48%，居全國第二位。但仕紳所捐之興學資金高達219,400元，占全國總額35.32%，居全國第一位。高出第二位的江蘇約四分之一。[23]

　　又如在杭州，在中日甲午戰爭後，時任知府林啓在光緒二十四年（1898）於杭州創設「蠶學堂」就是在當地仕紳樊恭、勞乃宣、邵章等之經費贊助，[24]而來建之。計至光緒二十三年（1897）九月為止，有關校舍所用之經費共計10,300兩，而有關在購置儀器設備方面共計用3,000兩，[25]利用仕紳所捐之經費來興建校舍與購置教學相關之儀器就以上所述可證之。並延聘當時知識名流仕紳江生金為總教習，聘請多位仕紳擔任教學，講授實學。

---

[23] 李國祁（1982），〈中國現代化的區域研究 —— 閩浙台地區（1860-1916）〉，台北：中央研究院近代史研究所，頁482。

[24] 李國祁（1982），〈中國現代化的區域研究 —— 閩浙台地區（1860-1916）〉，台北：中央研究院近代史研究所，頁479。

[25] 張彬（1996），《從浙江看中國教育近代化》，廣州：廣東教育出版社，頁145。

　　而在第一次中國教育年鑑中，對有關浙江省地方仕紳在興學新制學堂之捐資千元以上做過統計，就以省分來區分，前五名省分分別是江蘇三十八人、浙江十九人、遼寧十五人、河北十人、湖南八人。浙江省雖居全國第二位，但仕紳所捐之興學資金高達219,400元，占全國總額35.32%，居全國第一位，高出第二位的江蘇約50,000元。[26]而在浙江省提學使司向學部匯報學物情形時，也述及仕紳捐資興學一事：

> 浙省教育經費不充，由官款撥給者尤居少數，其各屬設立大小各校得以稅有增加者，每由紳民熱心捐助，常有一校經費或一人獨任或數人分認，誘惑一人慨捐巨資分餉數校，以及捐助田畝房屋之類亦所在多有，據宣統元年浙省教育統計，樂捐一項多至232,191元，其曾經報司請獎在案，截至元年下學期止共162起，所捐資產共約40餘萬兩。[27]

　　而就浙江省仕紳捐資興學金額超過千元之統計如表7-4。

---

[26] 李國祁（1982），〈中國現代化的區域研究——閩浙台地區（1860-1916）〉，台北：中央研究院近代史研究所，頁483。

[27] 張彬（1996），《從浙江看中國教育近代化》，廣州：廣東教育出版社，頁110-111。

表7-4 浙江省清末捐資千元以上興學者統計表

姓名	籍貫	捐款數（元）	捐款學校	褒獎
葛嗣彤	平湖	102,000	私立雅川小學及雅川中學	1等獎
胡乃麟	杭州	70,000	杭州安定中學	1等獎
莫敬	紹興	12,412	嘯唫务本小學	1等獎
萬嗣彤	平湖	6,433	雅川初高小學	1等獎
王積洪	浙江	5,485	詒穀初高小學	1等獎
徐棠	桐鄉	3,303	敦本小學	2等獎
章憲杰	浙江	3,081	涇清鄉啓明小學	2等獎
徐椿	金華	1,987	石欖初小	3等獎
徐鋅	金華	1,639	石欖初小	3等獎
徐邦	金華	1,657	石欖初小	3等獎
徐克昌	金華	1,231	石欖初小	3等獎
傅贊堯	金華	1,434	育德初小	3等獎
王喜禮妻方氏	金華	1,520	蒲塘小學	3等獎
陳鈞	瑞安	1,178	南岸鎮立第一兩等小學	3等獎
葉炳奎	浙江	1,237	浙江旅津兩等小學	3等獎
周運酌	浙江	1,237	浙江旅津兩等小學	3等獎
陳濟易	浙江	1,237	浙江旅津兩等小學	3等獎
徐舟泰	浙江	1,054	蒙正初小	3等獎
徐位泰	浙江	1,275	蒙正初小	3等獎

資料來源：張彬（1996），《從浙江看中國教育近代化》，廣州：廣東
教育出版社，頁110-111。

　　而在清末浙江提學使司所編之《浙江教育官報》內中，可以發現幾乎每一期都有地方官府給捐資興學之仕紳的請獎折合請獎片，就其第一期方有四例。

　　其一例，東清縣增生洪國恆、同知街監生徐幹「因溫郡師範學堂建築校舍需費甚巨，中學堂及東清縣學堂，勸學所經費亦尚支拙……各願報效庫平實銀1萬兩，分別充該學堂開辦及常年經費。」[28]

　　其二例，衢郡中學堂為求擴充，傾向民間勸捐，「惟衢地僻在山陬，殷富甚少，府經歷劉景焯念地方凋敝……連續代各捐戶繳洋2,250元之多，願以於次年秋成措檔，不料入秋亢旱，收成又復大減，紙槽仍無起色，今劉慨然將墊款自行捐輸。」[29]

　　其三例，奉化縣屬剡源中學堂開辦二餘年，所需經費均由當地仕紳捐助，「嗣品封職王昌滿捐田合銀1,000兩，監生沈皆城捐田合銀400兩，監生毛疏英捐田合銀333兩，俞坤晹之父捐田合銀166兩，竺商耀之父捐洋合銀133兩，毛玉琪與毛田錨各捐洋合銀133兩，附生毛世萃之父先後捐洋合銀133兩。」[30]

　　其四例，平湖縣新埭鎮新溪初等小學堂原為仕紳高清鍔創設，開辦以來因經費難繼，「行將中止，幸有監生黃河清情關桑梓，不忍坐

---

[28] 周邦道（1981），《近代教育先進傳略》，台北：中國文化大學出版部，頁71。

[29] 周邦道（1981），《近代教育先進傳略》，台北：中國文化大學出版部，頁71。

[30] 周邦道（1981），《近代教育先進傳略》，台北：中國文化大學出版部，頁71。

視，慨捐田28畝7分3厘2毫，每畝值時價洋40元，又捐英洋400元，共計1,540餘元。」[31]

而在福州仕紳興辦新制學堂方面，興學資金一樣短缺，仕紳運用一切管道籌集經費，包括公撥款項、借款、募款、捐款，甚至將自身錢財一起投入，可說是用盡渾身解數，方能維持最起碼的經費用度。例如，陳寶琛曾經想到借助福州當地企業商家捐資興學，他認為這種方法具集資快速且金額龐大、後續來源穩定等優點。在陳寶琛寫給朋友的信中說道：「前歲東事略定，頗亟亟於學堂，而難其費。妄思以紡織局，內河行輪為之抱注，粗有議論，輒格不行。」[32]從信中內容看來，最終事與願違。

在創辦全閩公學時，除經常費公撥外，陳寶琛還「自行捐款『三百圓』，又移撥公款二千圓，鳩集入學金千餘元作為購備校具之用。建築籌款向教育總會『撥借三千圓』外，又由其婿林炳章募集胡國廉京卿捐款二千八百圓。」[33]創辦全閩師範學堂除官撥「學務經費」外，一切興建校舍則取於林慶綸所捐四萬兩及關務處特別增籌五萬兩之款。添置博物標本、理化器械等項則取於鄭譽錦所捐一萬

---

[31] 周邦道（1981），《近代教育先進傳略》，台北：中國文化大學出版部，頁71。

[32] 汪康年（1986），《師友札第二冊》，上海：上海古籍出版社，頁2088。

[33] 福建教育總會（1910），《福建教育總會一覽宣統二年版》，福建：福建省圖書館藏，轉引自張帆（2001），〈論陳寶琛近代新式教育實踐〉，《福建師範大學學報》2001年第二期，頁144。

兩。[34]光緒三十一年（1905）在福州創辦烏石山女塾時，陳寶琛二妹林夫人也「捐金累萬」興辦學校。[35]又在興辦福州東文學堂時，該校辦學經費主要係由孫幼谷及陳寶琛等仕紳捐助，並得到日本東亞同文會的支持。校舍先後租用台江泛船浦、蒼霞洲樓房及後街三官堂天心閣、光祿坊育嬰堂、烏石山范公祠和積翠寺等。從林紓所著蒼霞精舍後軒記可以瞭解，當時林紓夫人劉瓊姿重病之際，林紓竟將她從洲邊住宅移往他處，讓出其住所成為「蒼霞精舍」，為其教授西學之教育場所，可見福州仕紳致力於新制教育的執著，似乎有些不盡人情之處。

　　光緒三十一年（1905），由福建熱心仕紳郭曾炘、鄭錫光、劉學恂、徐友梧、林炳章、孫葆瑨等十二位聯合籌資成立之以陳寶琛為會長的「福建教育總會」，立即給省提學使和學務處發出「請提款分設學堂文」，敦促福建省府撥款興建全閩師範學堂。但福建省府卻推說：「閩省地瘠民貧，庫儲奇絀，籌費備覺艱難。」對此，陳寶琛等仕紳學者則批：「查科舉停後，凡鄉試歲科經費，公車盤川以及花、弊、旗、匾、廩、餼等項，若悉行提出，為數尚屬不少。此皆科舉項下款目，斷無移作他用之理。今請將關涉科舉各款及賑捐一項，悉數

---

34 福建教育總會（1910），《福建教育總會一覽宣統二年版》，福建：福建省圖書館藏，轉引自張帆（2001），〈論陳寶琛近代新式教育實踐〉，《福建師範大學學報》2001年第二期，頁144。

35 陳寶琛（2006），《滄趣樓文存上卷》，上海：上海古籍出版社，頁67。

提儲，作爲各項學堂常年經費。」[36]就在以陳寶琛爲首之福州仕紳等人據理力爭下，福建省府從光緒三十二年（1906）起，才始撥給優級師範學堂有關於校舍建築費和其他教育經費計十萬兩（含推廣師範簡易科經費），但其中有50%爲社會熱心人士的捐款。根據《福建師範學堂一覽》內記載道：

> 其推廣簡易科及籌辦優級選科一切增建校舍，則取于林慶綸所捐四萬兩及關務處特別增籌五萬兩之款。添置博物標本、理化器械等項，則取於鄭譽錦所捐一萬兩。[37]

除了以上所記載的大筆捐款項外，仕紳陳寶琛自己捐款及向福州地方仕紳、商人募捐還不計在內。根據林其泉所著《從臺灣二花園說道臺灣林本源家爲海峽兩岸所做出的巨大貢獻》一書中寫道：

> 維讓之子爾康，娶妻陳氏，乃福州陳寶琛的胞妹，頗知書達理，慷慨大方，樂於公益事業，得知閩省在福州辦師範學堂，費無所出，乃獨解義囊，捐資二十萬兩銀子，助使其成，一時贊聲四起。廈門人慕其德行，請她主持廈門師範學堂。

---

36 福建教育總會（1910），〈上李制軍奏學使學處請提款學堂文〉，《福建教育總會一覽宣統二年版》，福建：福建省圖書館藏，頁2。

37 《福建師範學堂一覽宣統元年版》，福建：福建省圖書館藏，頁8、19。

　　上述文獻可以瞭解多人支持建校之事蹟，連陳寶琛遠嫁於台灣板橋首富林爾康之妹陳芷芳，她在聽說其兄陳寶琛在福州籌辦師範學堂「費無所出」，立即捐出鉅資支援，來解決師範學堂籌建資金緊缺之困難。[38]

　　由上可知，福州仕紳辦學資金來源除了金額不多的公款外，尚須靠個人認捐、社會企業商家捐助，還有對學生收取學費、辦學仕紳個人向友人或親人借款、募捐等多種管道。

　　仕紳興辦新制學堂，上述資料在在都證明在國窮民貧時代，仕紳借助社會力量努力辦學，在學堂經營上多賴仕紳之資助。

　　綜合以上所述，福州與全國各地的例子，可以看出興建新制學堂之經費，在清末財政困難時代，其多由仕紳之努力而獲得挹注。總之，由於新制學堂籌辦經費官方來源極為短缺且「不即時」。此時，地方仕紳基於中國傳統的社會責任，發揮辦學的積極性、自主性，致使地方新制學堂不論是官辦或是私辦，都在仕紳參與下，使得新制學堂經費，雖在匱乏中，但尚不至於中斷，其中地方仕紳出力甚深，可見一斑。

---

[38] 汪征魯、方寶川、鄭金添、游小波（2007），《福建師範大學校史上編》，北京：中國大百科全書出版社，頁6-7。

第四節　師資培育

有關師資培育，陳寶琛認為：「教育根本在小學，造端在師資，遂辦師範學堂。」[39]他還認為：「造就高等學生，必先從小學、中學層延而上，然辦理中小學堂，又必須先培初級、優級師範之才。」[40]因此陳寶琛努力堅持培養多層次、多規格、多學科的各級各類學校師資。換言之，其欲培育出高品質專業師資。為了保證師資培育的品質，在全閩師範學堂開辦之初，陳寶琛還積極選派優良教師和學生公費留日。福州設立師範傳習所時聘用的師資就是「以閩省第一次派赴日本學習師範畢業生分充各科教習」。[41]光緒三十二年（1906），陳寶琛又從兩所高校中精選派出四十名留學生赴日本東京的宏文、經偉兩學堂專門學習師範知識，學成歸國回校任教，逐漸形成「東高（東京高等學校）派」。[42]除此之外，陳寶琛還會公費選派優良教師到國內名校進修的方式，來提高師資專業水準。

清末其他地方，在地方仕紳積極推動新制學堂教育下，其影響較大者包括兩個方面：第一，督促和扶持各地私塾學堂的改革，不斷擴

---

[39] 福建教育總會（1910），《福建教育總會一覽宣統二年版》，福建：福建省圖書館藏，轉引自張帆（2001），〈論陳寶琛近代新式教育實踐〉，《福建師範大學學報》2001年第二期，頁144。

[40] 《福建師範學堂一覽宣統元年版》，轉引自張帆（2001），〈論陳寶琛近代新式教育實踐〉，《福建師範大學學報》2001年第二期，頁144。

[41] 《福建師範學堂一覽宣統元年版》，轉引自張帆（2001），〈論陳寶琛近代新式教育實踐〉，《福建師範大學學報》2001年第二期，頁144。

[42] 庄明水、檀仁梅（1990），《福建師範教育史》，福建：福建教育出版社，頁14。

充新制學堂的師資規模；第二，推廣「單級教授法」，促進全國初等
小學堂的改革。現就此二者加以論述：

壹、扶持私塾學堂改革，擴充新制學堂師資規模

　　有關仕紳督促和扶持各地私塾學堂的改革，擴充新制學堂的師資
規模與提升師資素質方面，仕紳督促和扶持各地傳統學堂的改革，且
不斷擴充新制學堂（新制教育）的師資規模。但在清末當時地方教育
經費嚴重不足，可以說地方官方教育體系日趨荒廢，表面上是說，各
地的新制學堂教育仰賴地方仕紳與官方的合作，但實際都是由仕紳獨
自或仕紳們合辦經營。所以，在新制學堂師資聘請工作也多有地方仕
紳去網羅。而有關師資網羅方面可以歸納幾個方向，簡述如下：

一、推動師範教育充實師資

　　在師資培養方面，例如浙江省瑞安仕紳孫詒讓，他的教育思想主
要體現在於「學務平議」、「周禮政要」，以及大量手訂的教育規章
與函劄、序跋之中。主張政教並重，通過教育培養以有「應時需」的
人才。在教育內容上，強調「學無新舊，唯其致用」，尤其注重科學
技術方面，在當時辦過實用學塾、工商學社、商務學社，還主持或贊
助過「瑞安務農會」、「瑞安天算學社」等，以推動科技的研究。

　　孫詒讓認識到「教育之能否普及，為（國家）強弱之符驗」，於
是主張在紳富人家推行強迫教育，同時對貧寒子弟的入學給予優待照
顧。孫詒讓特別注意「師資質量」，認為辦學「不先設師範，猶之無

耕而耕,安期收穫」,遂創辦「溫州師範學校」,並透過舉辦「師資讀書社」、「師範教育研究會」、「博物講習所」、「理化講習所」等,培養師資,提高教師素質。還出資派送學生留日,培養當時奇缺的理化教師。孫詒讓一方面對教師有很高的要求,另一方面又採取獎勵措施,使教師安於教育事業,主張在教育與教學中不僅要「因材施教,循序漸進」,也提倡獎優汰劣;對學生既不能「壓制叱咤」,又不可「曲意營護」,強調教師的身教作用,重視社會教育,創辦過演說會、閱報社等。[43]

二、地方仕紳與外籍人士共同充實師資

清末新制學堂是由地方自理的推動下興起的,某些地方仕紳在新制學堂教育師資充實上,亦與外籍人士合作,共同充實。某些新制學堂師資是由地方仕紳與當地外國人士或傳教士合作培訓或組成。例如,上海格致書院(The Chinese Seien Tific Book College)在光緒元年(1875)三月五日由英國駐滬領事麥華陀(Water Herry Medhurst)提議,由當地著名仕紳中國近代科學家徐壽與英國傳教士博蘭雅共同合作籌建,於光緒三年(1877)六月二十二日落成開學,並請仕紳學者王韜先生主持校務。[44]而該校許多教師都來自外國或是早期留學生。

---

43 張彬(1996),《從浙江看中國教育近代化》,廣州:廣東教育出版社,頁140-145。

44 水利部長江水利委員會,〈長江文化,第五章千古風流道人傑;第三節清代書院大師〉,http://www.cjw.com.cn/ index/Civilization/ detail/20040329/11279.asp,2004年4月16日閱覽。

　　至於福州地區，有一些新制學堂教育是由英美外籍人士建立（許
多是在華之傳教士）。中英南京條約簽訂後，西方外籍人士、傳教
士紛至沓來，建教堂、辦學校、建醫院等。據十九世紀末至二十世紀
初，福、廈兩地由外國教會創辦的比較著名的大中小學就有二、三十
所之多。[45]雖然西方國家辦學的目的是爲培養爲他們服務的布道者，
但從另一角度觀之，他們辦學對傳播西方知識與觀念有一定影響。尤
其是女學的創辦，在《中國近代學制史料》一書寫道：「國人自辦女
學，不知應當怎麼辦，就以他們（教會學校）爲楷模，體育音樂等教
員無處請，就請教會女塾畢業的學生擔任。」[46]因此我們可以說，福
建船政學堂的創建，福州及廈門地區教會學校接踵興辦，在客觀上，
爲陳寶琛、林紓等福州仕紳創辦新制教育有其助益之作用。更提供辦
學先進經驗借鑑，及師資儲備等幫助。

　　另以福建省爲例，道光二十八年（1848）美國基督教傳教士柯
林（Judson Dwight Collins）創辦福州第一所男子教會新制學堂「福
州男塾」。道光三十年（1850），美國另一名基督教傳教士麥利和
（Robert. S. Maclay）之夫人斯佩理（Sperry）女士在福州倉前山住宅
創辦福州的一間女子教會新制學堂「福州女塾」。早期教會在中國各
地方興辦教會新制學堂是很艱辛困難，在福州教會辦學亦是如此。美

---

[45] 張帆（2001），〈論陳寶琛近代新式教育實踐〉，《福建師範大學學報》
　　2001年第二期，頁145-146。
[46] 朱有瓛、高時良（1987），《中國近代學制史料第四輯》，上海：華東師範
　　大學出版社，頁268-334。

國傳教士李承恩（N. J. Plurb）曾提到在福州辦學時情況，他說道：

> 當時人們是如此的不友好，……教會開辦了一所走讀學校，
> 有三個男孩，但是阻力極大，不久其中兩個就逃之夭夭
> 了，……同時開設了一所女子寄宿學校，校舍建築完畢後，
> 在開學第一天，原來答應來上學的女生一個也沒有來，以後
> 通過當地教徒的幫助找來了幾個學生，但不久學生全部逃
> 跑，就是介紹那些學生的教徒因受到鄰居的攻擊也不得不全
> 家逃走。[47]

從美國傳教士李承恩描述辦校之情況，就可以瞭解外國教士創辦
教會新制學堂，首先要面臨中國官方乃至民間對此種種疑忌、阻難和
不友善之對待所產生之壓力。也就因為如此，當時學生來源多為教徒
子女或貧困子弟或無家可歸之孤兒、乞丐、童養媳等。而其辦學校之
地點或在傳教士家中或在教會或租賃民房，而當時教會新制學堂也以
初等教育（小學教育）為其主要發展方向。歷經十幾年的奮鬥努力，
教會辦學逐漸走出困頓，入學人數日益增加，學校規模日漸擴大，辦
校地點日漸擴展福州各地乃至福建各省。截至光緒二十年（1894），
福州地區就設有教會學校三百餘所，學生人數粗約六千人以上。[48]

---

[47] 陳景磐（1983），《中國近代教育史》，北京：人民教育出版社，頁58。

[48] 福建省教育史志編纂委員會（1992），《福建教育史志資料集第八輯》，福建：方志出版社，頁110。

二十世紀初，福州教會辦學規模更加擴大，其小學幾乎遍及福州城鄉各地，而且在開設男女學塾基礎上，教會辦學校從小學朝向中學、書院（大學預科一、二年）擴展，而後擴至大學發展；同時還開設新制職業學校，例如：護士學校、農業學校、商業學校等。而辦學管理也趨其制度化、系統化、全面化發展。按其規定：學制一般為初階小學三年，高階小學三年，中間加預科一年，初中有分三年制和四年制兩種，高中三年，書院八年；其中六年為中學，第七年及第八年為大學一、二年級，學院學生畢業後可以直接進入英美大學三年級就讀。在福州，教會還創辦了「華南女子文理學院」及「福建協和大學」兩間大學，教會教育在福州建構其教育辦學體系，包括有幼稚園、小學、中學、書院、大學、各類職業學校、女子學校、殘障教育學校及孤兒院等，[49]在當時規模之大，僅次於官府所辦學校之規模。以下將其教會在清末民初時期福州地區所興辦學校，整理如表7-5。

表7-5　福州地區教會辦校學校彙整表

學校名稱	創辦所屬教會暨創辦者	創校時間	校址
福州男塾	美以美會，柯林	1848	福州
福州女塾	美以美會，麥利和夫人	1850	福州倉前山
保靈福音院	美以美會	1852	福州
福音精舍	美部會，盧公明	1853	福州南台

---

[49] 薛菁、翁偉志、何連海（2013），《閩都教育史》，北京：北京大學出版社，頁86-88。

表7-5 福州地區教會辦校學校彙整表（續）

學校名稱	創辦所屬教會暨創辦者	創校時間	校址
格致中學	美部會，盧公明	1853	福州於山
文山女塾	美部會	1854	福州保福山
文山女中	美部會，盧公明	1854	福州鐺前頂
毓英女子初中	美以美會，娟氏姐妹	1859	福州倉前山
陶淑女子小學	英安立甘會	1864	福州倉前山
陶淑女中	聖公會	1874	福州倉前山
三一中學	聖公會，萬拔文	1876	福州倉前山
福州英華中學	美以美會，武林吉	1881	福州倉前山
史犖伯初中	聖公會，史犖伯	1890	古田
超古毓馨聯中	美以美會	1892	古田
融美中學	美以美會	1892	福清
培青初中	美以美會	1894	長樂
天儒中學	美以美會	1894	閩清
毓真初級中學	美以美會，班芝馨	1894	福清
福州塔頂護士學校	英聖公會	1902	福州
同仁初中	-	1902	永泰
福州協和農業學校	-	1903	福州
福州青年會商學校	-	1906	福州
嵐華中學	美以美會，貴瑪麗亞	1907	平潭
華南女子文理學院	美以美會	1908	福州
惠樂生護士學校	英聖公會	1912	福清
福建協和大學	聖公會、美以美會、中華基督教會、歸正會	1915	福州

表7-5 福州地區教會辦校學校彙整表（續）

學校名稱	創辦所屬教會暨創辦者	創校時間	校址
進德女中	美以美會	1915	福州花巷
懷理護士學校	美衛理公會	1924	古田

資料來源：林金水（1997），《福建對外文化交流史》，福建：福建教育出版社，頁423-426。

　　從表7-5我們可以發現，福州教會辦新制教育其辦學時間比其他福建省各地為早，且辦校規模及學校制度較大且制度化。雖從數量上，西方教會所設辦學校數目不及官立學校發達，而學校數目也不及地方仕紳所設辦私立學堂之多，但就某種意義而言，這些學校對整體中國社會之發展是具有助益之意義。

三、仕紳本身

　　在清末，雖有「地方自治章程」等學堂管理規章，對於仕紳所辦理私學或族學或家學均要求遵守小學堂章程，當然這樣規定也承認對於地方仕紳辦理推展新制學堂之合法化，進而擴展地方新制學堂發展規模。再言，清末雖然已有「地方自治章程」明確規定，不得以辦理簡易學塾或私塾妨礙初等小學的創辦，新制學堂教育仍歸國家督導管理。但事實上，由於政府財政不佳，學堂興建之所需籌集資金有極大的限制，在地方上官方所辦的學堂不僅一時無法滿足各地民眾子弟就學的需要，而且根本無法取代傳統私塾；也因為如此，「地方自治章程」對地方仕紳所辦理民間學堂，也不得不持認可的態度。正因為如

此，間接加強了仕紳對於地方傳統私塾從事教育整體改革，進而擴充了仕紳興辦新制學堂教育的發展規模。由於發展過於快速，在師資方面雖有前所述之兩種方式支撐，但實際上，還是有師資不足之情況；再加上仕紳是中國傳統儒家文化下社會之獨特的階層，正如在張仲禮的《中國紳士 —— 關於其在十九世紀中國社會中作用的研究》中之總結，他們「必須」承擔若干社會職責。他們視自己家鄉的福利增進和利益保護爲己任，當然更自恃弘揚傳統儒學價值及知識傳承爲重要職責。所以，在地方興建新制學堂之事務都「責無旁貸」投入參與，在學堂師資不足或欠缺時，更是自身投入教授。例如，林紓在興辦蒼霞精舍時，就是擔任該校國學老師。

貳、「推廣單級教授法」，促進全國初等小學堂的改革

再要說到「推廣單級教授法」，促進全國初等小學堂的改革方面。我們就以當時最現代化之上海爲例，上海作爲中國教育近代化的發源地，對全國新制教育的興起，具有舉足輕重的影響。一些積極倡導新制教育的先驅，借上海這塊寶地，將新制學堂教育理論廣爲傳播，早爲各界所肯定。其不斷推廣新制教學方法，提高新制學堂教育的效率和水準，最爲引人注目。如單級教授法就是上海引進、實驗，進而推向全國，從而對近代新制學堂教育發展產生了重要影響。宣統元年（1909），以江蘇地方仕紳所組成之教育總會會員俞子夷等人赴日本考察，帶回了「單級教授法」。單級教授法和傳統教授方式不同

在於，傳統普通教授按年級編班，各班皆需要一名教員，而單級教授法是將不同年級、不同班級的學生，混合編爲一級，這樣一個教師就可以同時承擔幾個班級的教學任務。此種方法「編制簡而效用廣」，可以解決各地師資普遍缺乏的問題，因此，受到了全國各地初等小學堂的歡迎。不久，江蘇教育總會在上海先後舉辦了兩屆單級教授法培訓班，全國參與觀摩和培訓的人員達數十人之多。單級教授法的迅速推廣，與地方自治運動推動有著密切的關係。「地方自治章程」規定：一、城鎮鄉所設立初級小學，如員額在六十人以內，應用單級編制法以免糜費；二、各廳州縣勸學所，均應設立單級教授研究會，並酌設單級教授練習所；各地方初級師範學堂，均應注意單級教授法，並附設單級教授練習科。「地方自治章程」頒布後不久，各省教育會聞風而起，先後在各地掀起了推廣單級教授法的熱潮，諸如舉辦培訓班、積極開展研討等。據報載，江蘇武進、陽湖開辦的單級練習所，「由教育會仕紳江耀堂與勸學所仕紳劉鐵卿擔任講員，於十七日開講。報名者已七十餘人，而回鄉居十之七八。而如有鄉董介紹證書，即可由武進、陽湖兩鄉董公所招待膳食，如此殷殷提倡，想於各鄉教育前途，當有影響也。」[50]

　　由上所述，清末仕紳在新制學堂的師資擴充上，不僅積極推動正統師範教育，與教會及有心之外籍人士合作，或是自我擔任師資，

---

[50] 朱有瓛（1987），《中國近代學制史料第二輯》，上海：華東師範大學出版社，頁344。

與引進新進教授法（單級教授法），在在都顯示仕紳著力之深，使新制教育師資培養逐漸落實。綜之，仕紳承擔了新制學堂教育的宣傳、發動、組織和實施工作，而且，由於清末國庫窮困，但在仕紳們「運作」下，新制學堂教育經費的籌措上、新制學堂推展上、傳統私塾改革上、師資提升上，都因為仕紳的運作，使得清末新制學堂教育規模能在財政困窘時間短促下，獲得了較快的發展。

第五節　新制學堂教育之課程規劃與校務管理

壹、課程規劃

　　戊戌變法後，時代潮流是革新，地方仕紳「努力」籌辦新制學堂。福州仕紳陳寶琛於「癸卯學制」頒行後，於光緒三十三年（1907）一月，在福建師範學堂增設「優級師範選科」，並改名福建優級師範學堂，光緒三十一年（1905）陳寶琛還兼任福建高等學堂監督，直至宣統二年（1910）復出。陳寶琛與福州仕紳陳璧、林紓等於光緒二十二年（1896）南台蒼霞洲林紓舊居籌辦「蒼霞精舍」；光緒二十四年（1898）七月，陳寶琛與孫幼谷等仕紳捐資籌辦「福州東文學堂」，光緒二十九年（1903）陳寶琛擔任東文學堂改組擴充的「官立全閩師範學堂」監督，光緒三十二年（1906）改名「福建師範學堂」；同年陳寶琛協助夫人王眉壽籌辦「女子師範傳習所」，宣統二年（1910）改名「福州女子初級師範學堂」，並附設幼稚園。「全閩

師範學堂」是當時福建省第一所，也是唯一的師範專業新制學堂。

　　師範學堂招生數多寡，根據當時福建省中學堂和師範學堂師資的需求來定，先後開設選科、本科和專修科。光緒三十三年（1907）一月，增開設理化選科與博物選科；同年十二月開設地理歷史選科；宣統二年（1910）一月，開設數學選科與博物本科；民國元年（1912）八月，開設圖畫手工專修科。選科和專修科其學制三年，其中選科預科一年、本科二年；博物本科學制五年，設公共科一年、分類科三年，加習科一年。各科基本按照優級師範學堂章程的規定開設課程和規定應要有上課時數。

　　優級師範選科，設置倫理、國文、數學、地理、歷史、理化、博物、體操、圖畫、英文十門課程，各專業預科學生均應修習。本科設有倫理、教育、心理、英文、日文、體操等通習課程，各專業本科學生都要修讀，同時還要修讀各專業的主課。理化選科的主課為物理、化學、數學、地文。史地選科的主課為歷史、地理、法制、理財。博物選科的主課為動物、植物、地質礦物、生理衛生。數學選科的主課為數學、理化、天文、圖畫、簿記。博物本科，公共科開設人倫道德、群經源流、中國文學、日語、英文、辯學、算學、體操八門課。分類科除修讀人倫道德、經學大義、中國文學、心理學、教育學、英語、圖畫、體操等通習課外，還要修讀植物學、動物學、生理學、礦物學、地學、農學等主課。加習科開設人倫道德、教育學、教育制度、教育政令機關、美學、實驗心理學、學校衛生、專科教育、兒童研究、教育演習等十門課程，學生只要選習五門課程即可。加習

科學生畢業時必須呈出著述論說，以考驗其研究所得如何。民國元年（1912），博物本科學生分類科三年級時已是民國，民國政府教育部正在研討各省高等師範學校的存廢問題，福建優級師範學堂是屬撤銷之列。因此，博物本科決定取消加習科，第四學年修完即予畢業。圖畫手工專修科是為培養中學堂圖畫和手工課教師而設的，除開設教育、心理、論理、英文、日文、體操等通習課外，還開設西畫、國畫、圖案畫、用器畫、手工等專業課。[51]以下表7-6是師範學堂科課程彙整表。

表7-6　師範學堂科課程彙整表

科別	教授科目
優級師範選科	倫理、國文、數學、地理、歷史、理化、博物、體操、圖畫、英文、教育、心理、日文。
理化選科	倫理、國文、數學、地理、歷史、理化、博物、體操、圖畫、英文、教育、心理、日文、地文。
史地選科	倫理、國文、數學、地理、歷史、理化、博物、體操、圖畫、英文、法制、理財。
博物選科	倫理、國文、數學、地理、歷史、理化、博物、體操、圖畫、英文、動物、植物、地質礦物、生理衛生。
數學選科	倫理、國文、數學、地理、歷史、博物、體操、圖畫、英文、天文、簿記。

---

[51] 汪征魯、方寶川、鄭金添、游小波（2007），《福建師範大學校史上編》，北京：中國大百科全書出版社，頁11-12。

表7-6　師範學堂科課程彙整表（續）

科別	教授科目
博物本科	人倫道德、群經源流、中國文學、日語、英文、辯學、算學、體操、經學大義、心理學、教育學、英語、圖畫、植物學、動物學、生理學、礦物學、地學、農學。 選修十門課程，學生只要從中選修五門課程即可。 人倫道德、教育學、教育制度、教育政令機關、美學、實驗心理學、學校衛生、專科教育、兒童研究、教育演習。
圖畫手工專修科	教育、心理、論理、英文、日文、體操、西畫、國畫、圖案畫、用器畫、手工。

資料來源：作者自製，依據汪征魯、方寶川、鄭金添、游小波（2007），《福建師範大學校史上編》，北京：中國大百科全書出版社，頁11-12。

有關職業教育方面，光緒二十六年（1900），陳寶琛與其他福州仕紳籌辦「私立福州蠶桑公學」，創校初期設有飼蠶及種桑兩科；光緒二十八年（1902）訂定出福州蠶桑公學章程，提出以提倡全閩風氣，開闢閭閻利源為宗旨。開設本科和別科，本科主授蠶業學理兼事實驗，別科則專事實驗兼授學理。本科教授學科有：蠶體生理、蠶體解剖、蠶體病理、養蠶法、查驗法、繅絲法、土壤學、桑樹栽培、肥料學等九科。本科實驗教授有：使用顯微鏡技術、養蠶術、製蠶種法附儲藏蠶種法、解剖蠶體法、繅絲手法等五科；別科教授學理有：養蠶法、蠶體病理、繅絲法、桑樹栽培、土壤學、肥料學。別科實驗教授有養蠶術、繅絲手法等。福州蠶桑公學教授學科課程設計，整理如

表7-7。

表7-7　福州蠶桑公學教授學科課程設計

科別	課程類別	教授科目
本科	本科學理	蠶體生理、蠶體解剖、蠶體病理、養蠶法、查驗法、繅絲法、土壤學、桑樹栽培、肥料學。
	實作實驗	使用顯微鏡技術、養蠶術、製蠶種法附儲藏蠶種法、解剖蠶體法、繅絲手法。
別科	別科學理	養蠶法、蠶體病理、繅絲法、桑樹栽培、土壤學、肥料學。
	實作實驗	養蠶術、繅絲手法。

資料來源：朱有瓛（1987），《中國近代學制史料第一輯下冊》，上海：華東師範大學出版社，頁969-971。

在商業教育方面，陳寶琛於光緒三十二年（1906）籌辦及擔任首任「福建官立商業學堂」監督；在農業教育方面，他於光緒三十三年（1907）籌辦「福州農事試驗場農業別科」。而為了培養女子職業人才，陳寶琛於光緒三十三年（1907）創辦「福建女子職業學堂」與「蠶桑女學堂」。[52]

另外，檢視外籍人士興辦福州教會學校課程設計，教會學校十分重視西方科學教育，尤其是在西方的科學理論與技術之事之建構。學校課程設計將其現代「全面教育」淋漓盡致表現出，就福州鶴齡英華

---

[52] 朱有瓛（1989），《中國近代學制史料第二輯下冊》，上海：華東師範大學出版社，頁80。

書院課程設計分析，我們可以發現教會學校除宗教課程外，著重以科學理論與技術內容的教育，課程包含有數學（包括筆算和心算）、代數、幾何、電學、格物學、地理學、世界通史等，這些課程幾乎涵蓋了現今中小學所有課程。另外，還有體育課程包含有打球、體操等；在藝術教育包含有音樂、美術等。教會新制教育奠定中國現代化教育的基礎，推動中國從傳統舊制教育體系朝向轉化成現代化教育體系，在這轉變過程中，科學基礎教育扎根，為近代中國培養了第一批瞭解西方科學理論與技術之科學家、翻譯家、教師、管理人才及科學相關工程技術人員。[53]我們就以福州鶴齡英華書院課程設計為例，彙整如表7-8。

表7-8　福州鶴齡英華書院課程設計彙整表

科別	學年	教授科目
預科	第一學年	英文、識字、切字、練讀一文、文法啟蒙、心算啟蒙、翻譯淺文、摹習、西字、華文聖經、唱歌、打球、國文、論語上下、小學、論說文苑、習楷、作文、月讀。
	第二學年	英文、切字、練讀二三書、文法啟蒙、中國輿地、談論、翻譯淺文、摹習西字、華文聖經、唱歌、體操、國文、孟子上、左傳一二、戰國策精華、習楷、作文、月課。

---

53 薛菁、翁偉志、何連海（2013），《閩都教育史》，北京：北京大學出版社，頁93-94。

表7-8　福州鶴齡英華書院課程設計彙整表（續）

科別	學年	教授科目
正科	第一學年	英文、切字、文法、談論、翻譯、數學、練讀三四書、各國地理、摹習西字、華文聖經、唱歌、體操、國文、東萊傳議、左傳三四、孟子中下、習楷、作文、月課。
	第二學年	英文、切字、文法、談論、代數學、地文學、練讀、英文淺論、華文選譯、英文、摹習西字、華文聖經、唱歌、體操、國文、史論正鵠、中學歷史、左傳五六、習楷、作文、月課。
	第三學年	英文、切字、代數學、西國史、身體學、作酬應函牘、華文、選譯英文、選讀淺顯報章、英文聖經、唱歌、體操、國文、古今大家、中學歷史、歷代名人詩禮奏議、作文、月課、摹習西字、國語。
	第四學年	英文、修辭學、英文論、幾何學、西國史、格物學、電學、華文選譯英文、選讀報章、英文聖經、唱歌、國文、史記精華錄、中學歷史、作文、月課、國語、體操。

資料來源：作者自製，依據薛菁、翁偉志、何連海（2013），《閩都教育史》，北京：北京大學出版社，頁90。

　　此外，浙江省仕紳孫詒讓等人開設以學習東西文為主之「瑞安方言館」課程設計，亦頗有特色。此時，正當清朝洋務運動破產以後，各地學習西方科學之風，仍然掀起。邑人項湘藻（苕甫）為獎掖後進，學習外國語文，以應時需。與其兄項申甫共創辦瑞安方言館，培植外文人才，並承孫詒讓支援。方言館於清光緒二十三年（1897）農曆二月十六日開學，館設城內范大橋街項氏宗祠（今城關二中校

址），分為西文（英語）、東文（日語）、兩班，兼習外國歷史、地
理，招收學生三十餘人，聘請上海仕紳學者蔡華卿（聖約翰大學畢
業）為專任教習。但由於籌辦經費緊張，加上兩館分設造成管理人
員、教育資源之浪費，光緒二十七年（1901），孫詒讓決定將瑞安方
言館併入學計館，改名為「瑞安普通學堂」。普通學堂於光緒二十八
年（1902）正月正式開學，總理一職由仕紳黃紹其在北京遙控，實際
在校負責學務工作是副總理孫詒讓。普通學堂設有中文、西文、算數
三個班，學生人數各為三十名。中文班教授經學、文學、諸子學、掌
故學、輿地學、西政學、西藝學七門，每日以教習講解一、二段，自
抄做筆記，七日做策論一篇；[54]西文班的課程有英文閱讀、會話、英
文文法及英文世界史地、世界文選等，再教授英文史地、英文原著
外，還學習根據外文報刊摘編之補充教材；算學班教學內容有中西新
舊算學與物理、化學等課程。而國文、倫理、體操，是各班共同必
修。

　　光緒三十三年（1907）底，因瑞安普通學堂中多數學生東渡日本
留學，仕紳孫詒讓等人決定停辦普通學堂，在原址改設高等小學堂，
從瑞安學計館到瑞安普通學堂，歷時八年，不僅培養一批學習完新制
教育知識之人才，更重要是為浙江省新制學堂之創辦與經營有了「起
頭」與「表率」作用。[55]

---

[54] 摘自〈孫詒讓致劉次鑑書〉手稿。

[55] 張彬（1996），《從浙江看中國教育近代化》，廣州：廣東教育出版社，頁
140-143。

貳、校務管理

校務管理即是管理校內所有人員，包括教師、行政人員及學生的相關事務，例如：教師出缺勤管理、學生學務工作。以福建優級師範學堂為例，該校設監督（即校長）一人，負責主持大計，管轄校內各員，主管全校教育事務，如籌撥經費、計畫建設校舍、聘約教職員、設置專業、班級和科目等，第一任學堂監督為陳寶琛。宣統元年（1909），陳寶琛應召入京，恢復內閣學士兼禮部侍郎等職，學堂監督由曾任四川夔州知府的潘炳年繼任。宣統三年（1911），陳寶琛受命為清末帝溥儀太傅，潘炳年辭去學堂監督，由陳寶琛派往日本東京高等師範學校留學歸來的林元喬繼任監督。民國元年（1912），學堂改名福建高等師範學校，林元喬為改校名後首任校長。監督之下設副監督、教務長、庶務長、齋務長各一人。副監督林炳章，為林則徐曾孫及陳寶琛女婿，進士出身，翰林院編修。教務長前期為林福熙，前浙江瑞安縣知縣，後期是吳曾祺曾任縣學教諭。庶務長林伯棠和齋務長王孝緝，均為福州東文學堂畢業生。教務長負責稽核各學科課程，管理教師的教學工作，即時掌握學生的學習情況。教務長之下設「管書」及辦事員若干人，負責管理學籍和圖書儀器設備。庶務長負責學堂文書檔案和總務後勤工作，諸如綜理公文計畫和統計報表，掌管規章的執行和經費的批用，以及一切庶務工作。庶務長以下，設文案官、會計官、雜務官各一人。文案官掌管一切文報公牘，會計官專司銀錢出人，雜務官負責雇用工友、管理堂室器物及各種雜務。齋務長負責考察學生品行和檢查學生宿舍的有關工作。齋務長之下設監學官

及檢察官各一人。監學官一般以教師兼任，掌管稽查學生出入，考察學生勤惰及學生一切起居行為，檢察官掌照料食宿；檢視被服；注意一切衛生等事。此外，為商討、決定重要事項特設評議會。評議會由教務長、庶務長、齋務長、附屬學校辦事官等組成，以監督為議長。「評議時由教務長、庶務長、齋務長一人起立說明評議事項，得多數同意並經監督許可者為議決」。[56]

在全閩師範學堂的校務管理，陳寶琛制訂及修訂了比較完備的該校規章制度，特別強調管理的規範化，重視獎懲並用。其規章制度凡三十餘條，包括學堂負責人、職員、教員的職責、學生規約、教室、學舍、操場的規則，還有入學、考試、畢業的規定，以及集會、作息、交際等事項，均有詳細的規定。其學堂工作職責分配，彙整如表7-9。

表7-9　全閩師範學堂職責分配工作彙整表

職務	職責工作事項
教師	1. 按各種課程進度確實循序教授。 2. 按學校所訂課程表準時上堂授課。 3. 審查學生教室行檢，隨時記分。 4. 即時記載學生本門分數，月終核計匯送教務長。
監學官	1. 考察學生勤惰，令循規則。 2. 稽查學生出入齋舍記載，假簿月終報告。 3. 監督學生輪流擔任舍內事務。 4. 管束學舍丁役。

56 《福建師範學堂一覽宣統元年版》，福建：福建省圖書館藏。

表7-9 全閩師範學堂職責分配工作彙整表（續）

職務	職責工作事項
檢察官	1. 協同監學官檢查飯食湯水，務令清潔。 2. 檢查學生被服帳褥，務使整理。 3. 檢查學生操衣制服，務使整齊。 4. 管理醫務，檢查一切衛生。 5. 齋舍諸所隨時督丁潔淨。 6. 驗視校中普通衛生清潔。 7. 預行避病方法。 8. 檢查學生體格強弱。 9. 臨時診察施藥。
文案	1. 料理一切公文書籍冊表簿籍。 2. 料理一切文書起草及接受發送。 3. 文牘往來隨時知會報告。 4. 隨時考察繕書辦公之事。
雜物員	1. 管理校中雜務，月終報告。 2. 查勘校舍物品，務令清潔及位置調查。 3. 查勘校舍物品，預備添修位置。 4. 考察司繕辦公之事。 5. 約束丁役。

資料來源：作者自製，依據汪征魯、方寶川、鄭金添、游小波（2007），《福建師範大學校史上編》，北京：中國大百科全書出版社，頁8-9。

在教學教務管理方面，學堂訂立有教授會、教生、學業成績及教授成績調查、學生勤惰缺席調查、教室、自習室、操場以及學年曆規則等。根據「教授會規則」規定：「教授會是學堂監督為諮詢教學問題和討論重要教務事項而設立的機構。教授會以各科教員為會員，監

督爲議長，每月開會一次，討論、議決教學、教務的有關問題，是教學管理的最高權力機構。」

　　教生是由學堂安排到低年級充當教員助手的高年級學生，教生在教員的指導下，承擔一定的教學輔助任務。根據「教生規則」規定：「每日終業當登記教室日記，每週末當登記教授週錄，又隨時登記研究之結果於研究錄。這是另一形式的『小先生制』，讓高年級學生指導低年級學生學習生活，可以解決教師人手不足的問題，又可以使師範生在學期間就得到教育教學的實踐鍛煉，爲將來從事教師工作做好準備。」在「學業成績及教授成績調查規則」對臨時考試、學期考試、學年考試和畢業考試的時間、計分方法和升留級、退學等做出規定：

> 考試平均分數以滿百分爲極，則滿八十分以上者爲最優等，滿七十分以上者爲優等，滿六十分以上者爲中等，不滿六十分爲下等，不滿五十分爲最下等。學年考試列下等者停止升級，連停兩次及不滿二十分者退學。優級師範選科因各專業均只辦一屆，故無級可留，則「停止升級」者，均作退學處理。[57]

---

[57] 汪征魯、方寶川、鄭金添、游小波（2007），《福建師範大學校史上編》，北京：中國大百科全書出版社，頁9-11。

全閩師範學堂學年曆規定：每年正月初一學年開始，正月二十一日前學期開學，六月初十前學期散學；七月二十一日後學期開學，十二月二十日後學期散學，十二月三十日學年終結。六月十一日至七月二十日為暑假，十二月二十一日至正月二十日為寒假。

在學生管理方面，全閩師範學堂訂有學生規約、學舍細則、入學規則、禮節細則、學生身體檢查規則、校門規則等。規定各班學生應選舉正副級長各一人，作為班級的代表。級長和本班學生都要服從齋務長、監學官的命令，接受教務長和教師的約束，學生衣履被褥務須整潔，即使夏天也不得袒裼足盤繞髮辮。學生不得抽煙，不得賭博飲酒，不得眾眾滋鬧，不得傲慢無禮，不得無故缺課，不得引客入校遊觀，出入校門須領繳名牌，還規定教室、自習室、宿舍均應由學生輪流安排做好衛生工作。每晨上課以前學生自行打掃房舍，並推舉事務生負責逐日檢查，每週向監學官報告一次。學生宿舍應輪流推舉室長，受監學指揮整理舍間事務，對炊事、湯浴、清潔、疾病諸事，由室長向監學隨時稟明，在交遊禮儀方面，強調同校學侶均須敬愛親睦，嚴禁與同學交惡。學生到校時，初見校中各員須行三揖禮，隨時隨地遇堂中各員須正立致敬。對於違反校規、校紀者，分別給予記小過、記大過和退學處分。

陳寶琛認為，新制學堂要能培育出水準高的學生，其必要嚴格厲行校規、校紀來管理學生。因此，陳寶琛所領導的福州地區各類新制學堂，均有制訂完善的管理學生規章制度，例如，全閩師範學堂就制訂了三十四種管理規定辦法，不論學生的上課、作息、做事、交際、

出遊、言語、舉止等都做了完善嚴格的規定，如管理辦法中有規定要
求學生：

> 授課之時均宜端坐靜聽，其未能明曉者起立從容，請質，不
> 得傲慢呼問。盛暑亦宜著衣，以昭肅敬，講堂內不得吃水
> 旱煙，誦習時不得串房，致擾他人功課。定時安睡，不得聚
> 談，過堂中各員，得立正致敬。學生外出向教習告假，得准
> 到監院處領簽，按時填記，學生勤惰分出席勤惰簿，由教習
> 調制，舍間勤惰簿，由監學調制，月終匯繳教務長，齋務長
> 調查綜核……等。[58]

至於對學生功課與品行要求很高，其考核辦法規定如下：

> 均規定以一百分爲滿分。請假按日扣一分，上課遲到每三次
> 扣一分，不到即缺席者一次扣五分。小過扣十分，大過扣
> 二十分，全年無扣分者，記功優獎加二十分。凡功課或品行
> 不滿六十分者，均予退學處理。[59]

---

[58] 《福建師範學堂一覽宣統元年版》，轉引自庄明水（1996），〈福建省近代
　　教育的奠基人──陳寶琛教育思想探微〉，《福建師範大學學報》1996年第
　　二期，頁123。

[59] 《福建師範學堂一覽宣統元年版》，轉引自庄明水（1996），〈福建省近代
　　教育的奠基人──陳寶琛教育思想探微〉，《福建師範大學學報》1996年第
　　二期，頁123。

　　由上述規定可知，福州仕紳他們辦學治校嚴謹，管理學生嚴格，也因為如此，才得以培養出品學兼優之新制教育人才，才能培育出國家改革所需紮實實學人才，更為福建省培養了眾多品學兼優的人才。

　　全閩師範學堂管理工作的另一重要措施，是透過大量報表和文書來進行管理。在教職員管理方面，有教員合同、教員履歷書、教授預定及進度表、教員出勤簿、科別成績調查表、教授日誌、校醫視察簿等。在學生管理方面，有生徒出席勤惰簿、舍間勤惰簿、生徒欠席簿、生徒勤惰比較表、學級勤惰調查表、生徒品行觀察錄、生徒平常行檢分數表、生徒入舍出舍調查簿、生徒考試成績一覽表、生徒衛生成績一覽表、體格檢查統計表、生徒品行統計表、退學生關係書、畢業生狀況調查表等。[60]以上這些表報和文書雖然煩瑣細碎，但也體現了全閩師範學堂校務管理的嚴格和認真細緻。[61]

　　創建新制學堂，從學制的設定、經費籌措、師資培育、課程設計至校務管理，可謂經緯萬端，百事蝟集，無一時無一處不需精心思考，慎密決策。尤其在當時大環境甚為不利狀況下，福州三位仕紳在興辦新制學堂上，仍達到一定的成果，令人不得不佩服。

---

[60] 《福建師範學堂一覽宣統元年版》，福建：福建省圖書館藏，頁110-128。

[61] 汪征魯、方寶川、鄭金添、游小波（2007），《福建師範大學校史上編》，北京：中國大百科全書出版社，頁9-11。

第八章
角色功能的分析

本章所言之影響，概指清末福州仕紳在積極推動新制教育，包括創建新制學堂、譯介西方各種學說與小說後，對當時與後世社會所產生之作用。本章依論文架構分為三節論述：第一節對政治之影響；第二節對文化之影響；第三節對學校管理之影響。

第一節　對政治之影響

所謂對政治之影響，意指對當世與後世國人愛國情操之強化，對現代化專業知識的提升。

壹、強化愛國意識穩定混亂社會

政治影響是指有助於支持政治系統穩定與發展的作用。福州仕紳推動新制教育，提倡強國強種愛國情操，振興政治系統的心理基礎。

對於當時中日甲午戰爭戰敗，嚴復分析原因，提出「根本救濟，端在教育」。[1]又在擔任復旦公學校長前，撰寫〈復旦公學募捐公啟〉中言及：「以中國處今日時勢，有所謂生死問題者，其惟興學乎？問吾種之何由強立，曰惟興學。問民生之何以發舒，曰惟興學。」[2]嚴復還說：「是以今日要政，統於三端：一曰鼓民力，二曰開民智，三曰新民德。待民智日開，民力日奮，民德日和之時，則國

1　王栻（1986），《嚴復集（二）》，北京：中華書局，頁674。

2　皮后鋒（2003），《嚴復大傳》，福建：福建人民出版社，頁280。

將自強，民將自富。」[3]從上述嚴復所述，可以瞭解到仕紳在新制教育改革中極力推動強國強種之愛國教育，嚴復認為中日戰敗，國勢衰弱，要改變、要富強，唯有靠教育。福州仕紳之所以努力推動新制教育，是期盼愛國教育扎根在民心，唯有如此，中國方能革新富強。

民初學者胡漢民在民報與大公報發表〈侯官嚴氏最近之政見〉一文，對嚴復翻譯與提倡物競天擇的進化論的作用，予以肯定。因為該書使中國民氣為之一變：

> 自嚴氏書出，而物競天擇之理，厘然當于人心，而中國民氣為之一變。即所謂言合群、言排外、言排滿者，固為風潮所激發者多，而嚴氏之功蓋亦匪細。嚴氏乃懼其僅為種族思想不足以求勝於競爭激烈之場也。故進於軍國主義而有社會通詮之譯也。[4]

貳、為社會培育專業人才，有助現代化

林紓創辦新制教育，由於辦學經費短缺，乃以翻譯作品之大部分收入，用來資助家境貧寒的學生上學，更幫助許多學生到國外深造。林紓的教育生涯長達五十年以上，相繼在福州龍潭精舍、蒼霞精舍、杭州東城講舍、北京金台書院、五城學堂、京師大學堂、孔教大學等

3　王栻（1986），《嚴復集（二）》，北京：中華書局，頁27。
4　民報報館：民報（2006），北京：中華書局，頁241。

校執教，桃李滿天下，正如在他七十大壽之自壽詩中所說：「傳經門左已千人」。[5] 又以福州船政學堂為例，該校畢業後第一批公費留歐學生，如魏瀚、陳兆翱、鄭清廉、吳德章、楊廉臣、李壽田等，他們是首批中國製造和監造現代軍艦與輪船之科技人才。因為有這批優秀人才，增加輪船製造上的自製率，並減少對外國依賴程度。福州船政學堂亦培養出修建鐵路、公路、礦冶及電報電信之人才，例如，礦務人才有林慶升、池貞銓及林日章；在電報電信人才有蘇汝灼及陳平國；在鐵路方面有魏瀚。而該校優秀畢業生除上述例子之傑出表現外，尚有在文化教育及翻譯外交領域上其他傑出表現，例如有嚴復、馬建忠、陳季銅、羅豐祿及魏瀚等。而後起之秀亦為傑出，該校第三屆畢業學生中，不但將西方現代文化譯回中國，更將中國優秀文化介紹給西方，有陳壽彭、王壽昌及鄭守箴三位。[6] 從上述之例，福州船政學堂成為清末培養現代科技及翻譯文化、教育人才之職業新制學堂。

至於教會所設學校是西方文化及科技文明輸入中國的先驅組織，他們真正目的，不過是希望借西方科學技術來擴大基督教在中國社會之影響力。再者，這些西方教師在傳授知識同時，從另一方面角度而言，也是在增加中國社會改革「意識」的建立。因為，它們所教授的

---

5 蘇建新（2013），〈林紓在閩中的教育實踐及其拓展〉，《江西科技師範大學學報》2013年第一期，頁95-96。

6 薛菁、翁偉志、何連海（2013），《閩都教育史》，北京：北京大學出版社，頁83-84。

學生既來自於中國社會，畢業後又將洄游進入中國社會工作，故對中國社會整體發展不無影響，這或許也是外籍教師對於中國教育改革及社會發展不可磨滅之貢獻。[7]

　　更不可諱言，女子新制學堂教育建立，啟發中國女子智育知識及女子爭平權觀念建構，對於後來中國解放婦女運動是具有啟發、啟蒙作用，更對中國女權運動發展提供重要理論基礎。據西元1936年華惠德對西元1921年至西元1936年十五年間，計一二〇位華南女子大學畢業校友的從業分析，從事教師業有九十八人，從事醫生有九人、護士有三人、圖書館人員有二人，在基督教會工作的有六人，剩有二人在醫院從事其他工作。著名化學家余寶笙就是華南女子大學所畢業之傑出女性。在中國近代社會改革過程中，不論是在宣統三年（1911）「辛亥革命」、民國四年（1915）「反對二十一條不平等條約運動」、[8]抗日救亡運動等，其教會女子學校之畢業校友投入其中，他們成為推動社會改革推進之重要力量。因此，唯有女子受教育，才能真正擺脫傳統封建不平等之束縛，中國女人才能走出家庭、走向社會，才能享有真正平等的實在權利。

7　蘇雲峯（1982），《中國現代化的區域研究──湖北省（1860-1916）》，台北：中央研究院近代史研究所，頁140-149。

8　薛菁、翁偉志、何連海（2013），《閩都教育史》，北京：北京大學出版社，頁94-96。

第二節　對文化之影響

本節所指對文化之影響，包括對西方文學的認知、對當時與後世文學的作用。有關福州仕紳林紓及嚴復，他們的譯作對近代中國文學革新與發展有其啓迪作用。本節就其二人作品對於中國近代文學意義與影響，做其論述。

壹、林紓的譯學對當代文學意義與影響

林紓譯作對於中國文學發展有其一定影響與貢獻，以下就林紓譯作對中國現代文學發展影響，歸納以下幾點：

一、改變傳統章回格式，影響五四文學

西元1983年，詩人蔣錫金發表一篇〈關於林琴南〉之評論，他認為嚴復是中國新文學運動所從而發生的「不祧之祖」。[9]不可否認，林紓之譯作的貢獻之一，就是在於其譯作推動了中國文學之改革，因而孕育和促進了民國初期「五四文學」的萌芽與發展。[10]

章回小說是中國傳統長篇小說的唯一格式。而林紓譯作受外國小說格式影響，因此在他前五部翻譯長篇小說，並沒有採用傳統章回小說格式。對於這樣的改變，當時士人有贊成者，亦有反對者。如蔣錫

9　蔣錫金（1983），〈關於林琴南〉，《江城》1983年第六期，轉引自張俊才（1990），《林紓評傳》，北京：中華書局，頁104。

10　張俊才（1990），《林紓評傳》，北京：中華書局，頁104-105。

金及民初文學家鄭振鐸即持贊成態度，鄭振鐸曾說：「中國的章回小說傳統體裁，實從他而始打破。」[11]然而，某些文學作家卻持反對立場，如民初著名詩人劉半農曾說：「非將古人作文之死格式推翻，新文學絕不能脫離老文學之窠臼。」[12]

　　林譯小說可謂在晚清戊戌變法後，中國文學向外國文學學習之一個窗口，也因為學習西方文學撰寫技巧，使爾後中國近代小說不論在創作格局、撰寫技巧方面，出現決定性改革，此一革新直接或間接地促使「五四文學」的進展，更促進中國現代小說之誕生。[13]他的譯作對五四時的文學之現代轉型，有其很大影響。正如一位在1903年載新民叢報屬名「醒獅」所寫一段詩：「專制新雄壓萬夫，自由平等裡權無。依微黃種前途事，豈獨傷心在黑奴。」[14]總論之，林紓譯作小說是中國近代小說在創作上首新，可說是「五四文學」新小說轉型先驅，而林紓譯作對此有其貢獻，就是在於林紓譯作推動中國文學之改革，因而孕育和促進了民國初期「五四文學」的萌芽與發展。[15]

　　總之，中國近代小說在創作上革新，可說是「五四文學」新小說轉型先驅，而林紓譯作對此有所貢獻。正如文學史家阿英所說：「他

---

[11] 鄭振鐸（1924），〈林琴南先生〉，見錢鍾書著，《林紓的翻譯》，北京：商務印書館，頁5。

[12] 劉半農（1979），〈我的文學改良觀〉，《文學運動史料選第一冊》，上海：上海教育出版社，頁38。

[13] 張俊才（1990），《林紓評傳》，北京：中華書局，頁106。

[14] 阿英（1980），《晚清小說史》，北京：人民文學出版社，頁182。

[15] 張俊才（1990），《林紓評傳》，北京：中華書局，頁104-105。

使中國知識階級接近了外國文學，從而認識了不少第一流作家，使他們從外國文學裡去學習，以促進本國文學發展。」[16]

二、促進中西文學比較學習

林紓譯作將西方文學小說呈現在中國讀者面前時，善於思索的讀者們不僅會盡情閱讀林紓譯作所帶來的西方知識與觀念，他們在閱讀之外，更會對中西兩方文學之間做其比較分析。正是透過這種比較和分析，讓中國讀者可以藉林紓譯作來瞭解當時西方現代文學觀念與寫作方法，而獲得一些初步的體會和認知。在林紓所翻譯狄更斯的作品《塊肉餘生述》之序言這樣寫道：

> 若迭更斯此書，種種描摹下等社會，雖可淚可鄙之事，一運以佳妙之筆，皆足供人噴飯。英倫半開化時民間弊俗，亦皎然揭諸眉睫之下。[17]

又林紓在其書後的小識中，這樣寫道：

> 此書不難在敘事，難在敘家常之事。……近年譯書四十餘種，此為第一。[18]

---

[16] 阿英（1980），《晚清小說史》，北京：人民文學出版社，頁182。

[17] 張俊才（1990），《林紓評傳》，北京：中華書局，頁120。

[18] 張俊才（1990），《林紓評傳》，北京：中華書局，頁120。

從這兩段話可以看出，林紓稱讚狄更斯有關「掃蕩名士美人之局」、「專爲下等社會寫照」、「敘家常平淡之事」、「寫民間弊俗」等特點。而林紓這樣譯作而出，對中國傳統創作方法與寫作格局，具有一定革新意義；又或者說，這正是中國傳統的寫作格式及創作格局在西方現代文學影響下，吹起文學革新的信號。[19]也就是這樣體會和認知，促使中國傳統文學創作格局與撰寫方法，因而改革改變。

在翻譯西方文學的過程中，林紓已經不知不覺地對中西文學進行比較，並根據林紓自己見解加入評述。中外翻譯史上一個最普遍的現象就是：「作品對異國讀者的影響，總是首先表現爲原著對異國譯者的影響。而譯者將自己的見解寫在譯文序跋中，又會在讀者中引起某種連鎖反應的效果。」[20]因此，探討林紓比較中西文學的收穫及意義，其實是讓我們具體瞭解林紓的翻譯，促進中國傳統文學觀念與創作實現現代文學改革之作用最佳途徑。從文學角度，林紓是比較準確看到中西文學比較異同之處。所以張俊才在《林紓評傳》寫道：

林紓譯作爲讀者，首先是林紓，對中西文學進行比較提供機會和條件，而比較的收穫之一，則是推動中國小說觀念革新和小說創作迅猛發展，這種發展以新的高度，改良社會的

---

19 張俊才（1990），《林紓評傳》，北京：中華書局，頁120。
20 張俊才（1990），《林紓評傳》，北京：中華書局，頁115。

高度……近代的「譴責小說」之所以不絕如縷，五四時代的
「問題小說」之所以風行一時，其原因不都與此有關嗎？

林紓譯作對中西文學比較，關係到中國傳統文學現實主義創作方
法變革之方面，因而在中國近代新現實主義小說發展上，更具有重要
意義。

三、推動中國文學語言變革

林紓譯作第三個貢獻是推動了中國文學語言的變革。尤其是對
五四文學語言。一般來說，五四文學即是白話文，但是五四時代的白
話文，並非僅僅由群眾的白話口語所撰寫成之文，它還保有傳統淺易
的文言文詞彙，當然也包含部分外來語。換言之，在五四時代眾人所
使用白話，一部分是口語白話文，一部分是文言文及外來語文所建構
而成。林紓譯作以桐城派古文撰寫，但在胡適〈五十年來中國之文
學〉中對於林紓譯作評析是這樣說：

平心而論，林紓用古文做翻譯小說的試驗，總算是很有成績
的了。古文不曾做過長篇的小說，林紓居然用古文譯了一百
多種長篇的小說，還使許多學他的人也用古文譯了許多長篇
小說。古文裡很少滑稽的風味，林紓居然用古文譯了歐文與
狄更斯的作品。古文不長於寫情，林紓居然用古文譯了茶花
女與迦茵小傳等書。古文的應用，自司馬遷以來，從沒有這

種大的成績。[21]

　　在這段論述中，胡適肯定林紓譯作在格式、內容、風格上，對中國傳統古文的突破革新。從以上所述，林紓譯作的確有著中國傳統古文餘韻，也就是說林紓譯作在其轉寫風格上有中國傳統古文（桐城派）特點，但不是說林紓譯作風格全為中國傳統古文，因為在文筆中參雜為數不少的白話語文。正如錢鍾書先生所說：「林紓譯書所用的文體是他心目中認為較通俗、較隨便、富於彈性的文言。它雖然保留若干『古文』成分，但比『古文』自由得多。在詞彙和句法上規矩不嚴密，收容量很寬大。」[22]

　　林紓是近代中國翻譯文學的奠基之人，清末民初「林譯小說」十分受到人們的歡迎，林紓終極貢獻在翻譯西方文學對中國現代文學與社會改革影響。「譯界之王」林紓一生中，因家庭窮困和環境變遷加上仕途不順，畢生努力於譯學，著譯豐盛，為中國近代翻譯界所僅見。雖他不懂外文，卻與他朋友合作翻譯十幾個國家，幾十名作家的作品。林紓堅持使用古文體裁翻譯，但卻不減他在翻譯文學的評價。

---

[21] 胡適（1924），〈五十年來中國之文學〉，《胡適文存二集卷二》，上海：東亞圖書館，頁121-122。

[22] 錢鍾書（1981），《林紓的翻譯》，北京：商務印書館，頁39。

貳、嚴復譯學對中國文學意義與影響

一、譯介西方思想，推動改革

　　清末福州仕紳在翻譯西方學術思想的翹楚為嚴復。在翻譯取向上，較之林紓的言情小說，他則偏向社會科學著作。留學英國的嚴復深刻瞭解西方先進知識優點，而多年在國外不僅為他的翻譯鋪墊了堅實的英語基礎，加上深厚的中文基礎，使他能將中西文化無縫交流，並使他認識到中西文化思想的優劣、社會文化的差異。因此，他透過「翻譯」，引進西方先進社會科學思想，試圖改造當時中國落後封閉的傳統思想，進而挽救面臨危亡的中國。嚴復的翻譯作品，就其內涵而論，引進西方當時現代化觀念思想，正猶如茫茫大海中引路之「改革方向」的燈塔。

　　嚴復自稱：「吾譯正以待多讀中國古書之人。」[23]在中國傳統士大夫的階層，嚴復譯著受到多數學者理解與推崇。因為就內容言之，嚴復譯著內容深刻地聯繫社會現實，將其關係國家政治生態，用新理新說方式闡述，前所未有。從形式上而論，別具一格的譯述寫法，暢達透澈的文筆，生動重點式的按語，曉人以理，動之以情，兼備而之。以《天演論》為例，原著文體原是嚴謹科學著作，但經過嚴復「達恉式」[24]的譯筆，襯托旁徵博引的按語，增添譯作內容濃厚的文

23　《嚴復集》，〈中國哲學書電子化計畫〉，頁517，https://ctext.org/wiki.
　　pl?if=gb&res=683630，2020年5月22日閱覽。

24　達恉式：指撰文以書中穿插五言、四言古體詩各一首文體來編寫。

學形象性，更能使其引人入勝，使其《天演論》原爲科學著作，成爲批判現實主義的文學佳作。

二、譯作隱含民主

　　嚴復用中國人可以接受的論調來翻譯，嚴復翻譯英國十九世紀深具影響力的古典自由主義思想家約翰・斯圖亞特・穆勒（John Stuart Mill）所著的《論自由》（*On Liberty*），此書嚴復以「自繇」二字，將穆勒對個人尊嚴與自由的思想引進清末帝制中國，讓當時中國的傳統知識分子對於西方的自由思想，有其初創性之認知；並瞭解群體與個體之間的衝突與平衡必要性。「自繇」嚴復認爲從一人一己之個人乃至國家社會之群體，須明白群己許可權之劃分，使不偏於國群而壓制小己，亦不袒護小己而使國群受害，並強調一個國家社會自由民主制度的實施成功與否，關鍵在於一個國家的整體形勢與整體人民知識與民主程度。《群己權界論》探討了社會所能合法施用於個人的權力的性質和限度，闡述了民主與自由的關係。《群己權界論》著作之所以具「現代」性，是因爲它完整道出當時西方社會「以自由爲體，以民主爲用」的民主自由思想。因此，嚴復翻譯《群己權界論》之目的是「爲批判專制制度提供理論依據，鼓吹民主憲政」。[25]

三、首創按語

　　正如賀麟先生在〈嚴復的翻譯〉所寫道：「於中國學術有很大影

---

[25] 皮後鋒（2003），《嚴復大傳》，福建：福建人民出版社，頁329。

響，而他翻譯的副產品於中國學術思想也有很大影響。」[26]嚴復除了提出著名「信、達、雅」[27]翻譯準則，爲後世中國翻譯學之標準外，在翻譯寫作時加「按語」爲嚴復譯作文學之首舉。按語是用來說明與議論，按語大多位於譯文章節的結尾或中間，在按語中，嚴復評論原作者之觀點，更可結合當時中國局勢，來闡述嚴復自己論點，這樣的按語寫法可將原西方著作者觀點借按語連結到中國歷史和現實層面。正如上海師範大學外語系周領順教授對嚴復翻譯評論寫道：「近年來，各種外國翻譯理論和域外新觀點不斷引進，對中國傳統的翻譯觀造成了很大的衝擊。引進的新觀點中有描寫翻譯學派的觀點，操縱翻譯學派的觀點，目的論翻譯學派的觀點等等。這些觀點集中到一點，就是翻譯，主要是文學翻譯，當然也包括應用翻譯和其他類型的翻譯，不應該只有一種模式，譯者完全可以根據不同的目的，根據不同的政治文化形勢的需要，主動、大膽的對原文進行改寫。嚴復做到了。」[28]嚴復重「質」重「文」及「信」於作者，更能提高讀者興趣度。他這種不拘泥字面句子結構束縛，靈活增減，游刃有餘，實現「洋爲中用」[29]之翻譯目的，亦使中國傳統知識者能更快順利接受嚴

---

[26] 賀麟（1982），〈嚴復的翻譯〉，見王栻、王佐良著，《論嚴復與嚴譯名著》，北京：商務印書館，頁13。

[27] 嚴復（1893），〈天演論譯例言〉，見王栻，《嚴復集（五）》，北京：中華書局，頁1321。

[28] 周領順（2006），〈新史料求證嚴復的翻譯思想〉，《四川外語學院學報》第二十二卷第三期，頁108。

[29] 葉玲、唐述宗（2008），〈以目的論角度解析嚴復和林紓翻譯策略〉，《西北農林科技大學學報》第八卷第三期，頁124。

復之譯文思想。

　　對嚴復翻譯西學，康有為與梁啓超對此持肯定，認定他是介紹西學至中國的先驅。[30]同時代的有識之士，對嚴復譯學均持稱讚之態度。吳汝綸在致嚴復書中稱嚴復翻譯著作猶為「高文雄毫」。[31]又在〈天演論──吳序〉寫道：「嚴子一文之，而其書乃駸駸與晚周諸子相上下。」[32]著名的詩人黃遵憲在〈致嚴復書〉中說道：

　　天演論供養案頭，今三年矣。本年五月獲讀原富，近日又得
　　讀名學，雋永淵雅，疑出北魏人手。於古人書求其可以比擬
　　者，略如王仲任之論衡，而精深博則遠勝之。[33]

　　民初學者胡適在〈五十年來中國之文學〉一文中寫道：「嚴復的英文與古中文程度很高，他又很用心不肯苟且，故能做到一個達字。……嚴復的譯書，有幾種──《天演論》、《群己權界論》、《群學肄言》──在原文有文學價值，他的譯本，在古文學史也應

---

30 楊正典（1997），《嚴復評傳》，北京：中國社會科學出版社，頁410-411。

31 《嚴復集》，〈中國哲學書電子化計畫〉，頁1560，https://ctext.org/wiki.
pl?if=gb&res=683630，2020年5月22日閱覽。

32 《嚴復集》，〈中國哲學書電子化計畫〉，頁1318，https://ctext.org/wiki.
pl?if=gb&res=683630，2020年5月22日閱覽。

33 《嚴復集》，〈中國哲學書電子化計畫〉，頁1571，https://ctext.org/wiki.
pl?if=gb&res=683630，2020年5月22日閱覽。

該占一個很高的地位。」[34]福州仕紳林紓在〈洪罕女郎傳跋〉寫道：「舊者既精，新者復熟，合中西二文鎔爲一片，彼嚴幾道先生不如是耶。」[35]從上述幾位當代學者對嚴復讚美之辭，不能視其阿好之言，他們援古喻今，中西對比，對於嚴復譯學給予肯定態度，對其在中國文學史上給予重要貢獻與歷史地位。

四、宣揚智慧財產權

嚴復建構中國近代譯學出版及智慧財產權觀念建立，在國家和民族危亡之時，嚴復的「救亡四論」（論世變之亟、原強、辟韓、救亡決論）宣導以西方的科學理論和文化知識，啓民智、新民德、強民力，進而奮起變法維新，使國家走向富強。文章還清楚地闡明了以西方的政治學說和科學知識拯救中國的道理、方法和途徑。嚴復還在《國聞報》發表〈國聞報緣起〉、〈駁英「泰晤士報」論德據膠澳事〉、〈保教餘義〉、〈保種餘義〉等文章，在當時中國社會引起廣泛影響。「救亡」和「啓蒙」是嚴復闡述的主軸，亦爲當時中國出版業的主流及獨有風格。嚴復，西方科學論著譯者，他有強烈的版權保護意識，開版權保護風氣之先河。從出版《群學肄言》開始，他在譯著上貼上自己設計的版權印花。截至目前的資料可知，嚴復的這種「版權印花」爲近代中國首創。根據約定，出版商應將印刷數量通知

---

34 鄭雅文（2007），《從康有爲和嚴復看晚清思想之嬗變》，台北：萬卷樓出版社，頁43。

35 楊正典（1997），《嚴復評傳》，北京：中國社會科學出版社，頁411。

嚴復，由他加貼印花上市，然後根據印花數提取版稅。未經嚴復同意，沒有黏貼印花的書不許銷售。[36]他一再呼籲，應該尊重和保護作者的版權，並主張政府實行版權制度。宣統二年（1910），中國歷史上第一部著作權法「大清著作權律」頒布。這說明知識分子在出版過程中，逐漸意識到版權保護的重要性，把保護版權提到法制的日程上來。從嚴復自覺保護自己的版權到最終政府開始實行法律保護著作者的版權，說明了作爲媒介人的傳統知識分子自覺規範著出版業的發展。[37]而嚴復爲中國智慧財產權觀念之首要建構者。

　　中國著名翻譯學者林紓與中國著名留英學者嚴復都是福州人，也都擅長於先秦古文，在翻譯西文時都用古文撰寫。但林紓是間接翻譯，而嚴復是直接翻譯。因爲林紓沒有留過學，不懂任何一國外文，他的翻譯都需依靠別人的口譯，然後他再依口譯寫成文字。另外，兩人在翻譯的書目「方向」，亦有不同。嚴復主要翻譯社會科學著作爲主；而林紓的主要翻譯作品則偏向西方言情小說。但他們最大相同點就是希望運用西方作品的翻譯，引進西方先進知識與社會科學思潮，幫助中國富國與強兵。

---

[36] 皮厚鋒（2003），《嚴復大傳》，福建：福建人民出版社，頁142-323。

[37] 惠萍（2010），〈近代出版業與傳統知識份子的雙向建構——以嚴復爲例〉，《編輯之友史料月刊》2010年第一期，河南大學新聞與傳播學院，頁102。

第三節　對學校管理之影響

　　清末福州三位仕紳積極興辦新制學堂，對當代與後世教育的影響可歸納如下：

壹、師範教育制度化

　　陳寶琛及林紓在福州地區所創建師範學堂及體系，對福建師範教育乃至於全國性師範教育有相當大的影響。光緒二十四年（1898），陳寶琛與孫幼谷等福州仕紳捐資籌辦福州東文學堂，又於光緒二十九年（1903）將興辦之全閩師範學堂改名福建師範學堂，這是福建第一所專門培養中、小學新制教育之師範學校。戊戌變法後，在「癸卯學制」頒行後，陳寶琛又於光緒三十三年（1907）一月在福建師範學堂增設「優級師範選科」專門培育中學堂及師範學堂之師資。優級師範選科即是福建師範大學最早前身。如此，使師資培育上中下游環環相扣，連成一氣。

貳、不畏官方反對持續推動女學

　　陳寶琛與夫人王眉壽不畏大環境阻隔及守舊不利氛圍，籌辦女子師範傳習所，而後更名爲福州女子初級師範學堂；又爲福州地區工商業發展所需，創辦福建女子職業學堂與蠶桑女學堂，培養當時福建地區掌握熟練技藝的女性技術人員。他們興辦女校，即使違反光

緒二十九年（1903）清政府「少年女子斷不宜令其結隊入學」[38]的規定，而當時社會中亦有破壞女學堂之舉措，但他們仍不爲所動，持續推動，此種勇氣與毅力，實值得後人欽佩。

參、選拔學員，出國觀摩增廣見聞

　　清末自同治十一年（1872），清廷派出首批幼童公費留美，自此以後，公費留學成爲學習國外文化與知識的管道之一。公費派學員出國，雖非福州三位仕紳所創建，然而立意良好，即使在經費拮据狀況下，陳寶琛仍決意加以沿用。例如，他開辦各類學校師資人才，要求所培育出師資是高品質之人才，所以在興辦全閩師範學堂初期，陳寶琛就派教師和學生公費留日，這是福建省第一次公費派師範生赴日留學。而後，陳寶琛又陸續派遣優秀留學生赴日，專攻讀師範教育。陳寶琛此種擇善固執的精神，值得學習。

---

[38] 舒新城（1961），《中國近代教育史資料中冊》，北京：人民教育出版社，頁383。

第九章
結論

　　十九世紀末和二十世紀初是中國重大改革年代，爲因應中國三千年以來所遭逢之大變局，國勢衰微、民生凋敝，有識之士從軍事、政治、經濟等各方面改革維新。然而，不論從強調器物層次的自強運動，或從制度層次革新的戊戌變法或立憲運動，唯有成功的教育革新，方能使其他上層改革運動大功告成，這是當時仕紳與官員的共識。惟此時清廷財政已因內憂外患而山窮水盡，必須依賴各地仕紳大力協助教育改革。各地仕紳或基於愛國愛鄉情操，或基於文化傳承之責任感，承擔推動新制教育改革的使命。清末福州仕紳嚴復、林紓與陳寶琛等在提倡西學、譯介西方思想與小說、興辦新制學堂上著力甚深，貢獻良多。本文以清末福州三紳在推動新制教育上，所扮演之政治角色、文化角色、管理角色與所產生之影響爲探討核心。本章計分研究發現與後續研究建議兩節。

第一節　研究發現

壹、福州三紳善盡仕紳的責任，改變破敗社會

　　中國仕紳自古以來，即因身分地位特殊，對於所處社會有一分特殊責任，他們必須使社會繁榮，民生富庶。尤其他們需以文化權改善一般民眾的生活。正如張仲禮所言，他們擔任官員與當地百姓之間的中介，就地方事務出謀劃策。清末福州三紳所處的時代環境極度惡劣，內憂外患頻生，民生凋蔽，財政枯竭，即使清廷有意推動各種改

革，亦是力有未逮。本文在研究過程中發現林紓、嚴復、陳寶琛這三位福州仕紳，透過新制教育的推動，扭轉當時破敗社會，可說盡到仕紳責任。此正如張仲禮在《中國紳士——關於其在十九世紀中國社會中作用的研究》之文中說到：「在十九世紀的中國仕紳是為官吏與民眾之『中間者』，在當時識字率低，可以將他們視為十九世紀初中國社會『守門者』。」[1]

所以，福州三紳努力興辦新制學堂，推動新制教育改革，已盡到仕紳應有的一貫社會責任。近代中國歷史學家吳相湘對嚴復對於近代中國富國強兵強種貢獻給予評價如下：

> 歷來論者均以嚴留英回國後未展所長，不知最初之因材施教計畫，嚴實用得其所。嚴譯述西洋名著，對國家之貢獻，更出意想之外。而同時留學歸來劉步蟾、林泰曾、方伯謙等，於甲午戰爭時身敗名裂。薩鎮冰較幸運且長壽，民國時任海軍總司令，然其成就貢獻比較嚴復實不可同日而語。[2]

貳、清末福州三紳強化愛國意識穩定社會

政治角色是指有助於支持政治系統穩定與發展的作用。福州仕紳

1　張仲禮（1991），〈中國紳士——關於其在十九世紀中國社會中作用的研究〉，上海：上海社會科學院出版社，頁34-38。
2　吳相湘（1971），〈天演宗哲學家嚴復〉，《民國百人傳第一冊》，台北：傳記文學出版社，頁337。

以推動新制教育，提倡強國強種愛國情操，振興政治系統的心理基礎。以福州蒙學堂為例，該學堂是光緒二十五年（1899）由福州仕紳林白水、黃展雲等人興辦。黃展雲親首任堂長（校長）並執教，教授課程內容除漢文外，亦有教授西洋政治、哲學思想和自然科學等課程。該學堂在黃展雲執教下，學堂整體表現卓越，該校設有高等班及小學班外，尚於校內成立「勵志社」，此社以灌輸學子其愛國革命思想及啟迪救國民族意識。該校優秀畢業生，例如：林覺民、林尹民、林文、陳更新、陳與燊、陳可均等人，參與三二九黃花崗之役而壯烈犧牲之革命烈士。[3]因此可說，福州蒙學堂在提振中華民族意識上，產生了作用。

參、清末福州三紳培養改革所需專業人才

此時國弱民窮之中國，要推動新制教育，培養中國社會邁向現代化，培育強國所需之專業知識人才，來穩定中國當際發展的社會基礎。在清末改革建構新制教育體制過程中，地方仕紳努力建構功不可沒。而在近代福建新制教育發展歷史上，福州仕紳陳寶琛、林紓、嚴復等，無庸置疑有其重要不可磨滅的地位。他們主張教育制度改革，培育人才，使中國強國強種。陳寶琛這樣說過：「年年論自強，日日言禦侮，而卒無效者……其病在有名無實，有始無終。」[4]反省中國

3　薛菁、翁偉志、何連海（2013），《閩都教育史》，北京：北京大學出版社，頁101-102。

4　陳寶琛（2006），《滄趣樓奏議（下卷）》，上海：上海古籍出版社，頁36。

為何積弱不振，重點在於所有改革沒有深入、沒有精實、沒有自己人才，唯有落實新制教育改革，培育中國自己人才，中國改革方能成功。因此，陳寶琛指出：「行己以有恥為質，讀書以有用為程。」[5]在教育改革上，他更主張「崇實學以勵人才」。[6]培育實學人才，教育出有用人才，革除傳統科舉取才之缺失，中國方能強國強種。

肆、清末福州仕紳譯作，擴大國人視野，改革文學

林紓翻譯總計先後共譯作品二〇三種之西方著名文學作品，語言則涵蓋美國、英國、法國、俄國、希臘、德國、日本、比利時、瑞士、挪威、西班牙等十幾種語系的作品，包羅萬象。而嚴復翻譯西方著作有《穆勒名學》、《法意》、《譯斯氏計學例言》、《原富》、《天演論》、《群己權界論》、《群學肄言》、《社會通詮》共計八部，彙整《嚴譯名著叢刊》計一百九十萬字，其包括按語十六萬字，此來源自嚴復本身思想，故合稱譯著。嚴復精心選擇這八部西方學術名著，範圍涵蓋生物學、法律學、政治學、經濟學、分析學及邏輯推理六個面向，可謂當時西方重要社會科學制度理論基礎。對於這兩人譯作的評價，如同周作人曾這樣說過：「晚清文人中林紓對我文學上影響最大，正是因為大量閱讀林紓譯小說，於是便引我到西洋文學裡

---

5 陳寶琛（2006），《滄趣樓奏議（下卷）》，上海：上海古籍出版社，頁28。

6 陳寶琛（2006），《滄趣樓奏議（下卷）》，上海：上海古籍出版社，頁26。

去了。」[7] 從這句話可得知，正是因為林紓大量翻譯西方文學作品，藉他的作品把西方思想與理論帶進中國，開啟中國人思想格局，更開闊民初中國作家之撰寫格局與視野。所以可這麼說，林紓對中國文藝界的貢獻極大。周作人亦曾在翻譯《點滴》小說序中所說：「我以前翻譯小說，很受林琴南先生影響。」[8]

留學英國的嚴復在翻譯取向上，偏於社會科學著作。他瞭解西方先進知識優點，而多年在國外求學經歷厚實，增加嚴復翻譯西方著作準確度。嚴復對其譯作標準都要求臻於「信、達、雅」之標準，正如嚴復所說：「譯文取明深意，故詞句之間，時有所到附益，不斤斤於字比句次，而意義則不悖本文，題曰達指，不云筆譯，取便發揮。」[9] 再則嚴復譯作引進西方先進社會科學思想，改造當時中國落後封閉的傳統思想，進而挽救面臨危亡的中國。就其內涵而論，引進西方當時現代化觀念思想，影響後來中國學術思想很深、很大。正如賀麟先生在〈嚴復的翻譯〉所寫道：「於中國學術有很大影響，而他翻譯的副產品於中國學術思想也有很大影響。」[10]

7　周作人（1933），〈我學國文經驗〉，《知堂文集》，上海：上海天馬書店，頁2-3。

8　周作人（1920），〈點滴序〉，《新潮社叢書：點滴》，北京：北京大學出版社，頁1。

9　嚴復（1893），〈天演論譯例言〉，見王栻，《嚴復集（五）》，北京：中華書局，頁1321。

10　賀麟（1982），〈嚴復的翻譯〉，見王栻、王佐良著，《論嚴復與嚴譯名著》，北京：商務印書館，頁13。

伍、籌辦新制學堂，經費籌措最為惱人

陳寶琛在創辦新制學堂上，也是爲興學資金傷透腦筋。陳寶琛、林紓等人在創辦福州東文學堂時，興辦之初經費極度短缺，正如陳寶琛所說：「創始無持久之費，公舉無責任之責，束修所入，尚不及出款十分之二。」[11]因此要辦好新制學堂，好的經費募款能力是必要。因此，我們發現如沒有社會捐助及仕紳積極募款，其新制學堂將沒有充足興辦經費，新制教育改革也無法成功。

陸、新制教育成功，健全師資尤為重要

在清末福州新制教育改革能成功，其關鍵在於完善及高水準師資培育制度建立。陳寶琛認爲：「世變急，非興學育才無以相濟也。」[12]在國家危殆之際，要改革唯有靠教育，而要教育成功更必須有良善師資培育制度來支撐。正如陳寶琛在全閩師範學堂開學典禮演講辭中所說的：「國家之盛衰強弱，全視國民之智愚賢否。學堂固所以造就人才，然必先使人人知義理，人人知愛護國家，人人能自立，而後國民之資格始備，而人才亦出乎其中。」[13]因此，在在說明新制

---

[11] 《福建師範學堂一覽宣統元年版》，轉引自庄明水（1996），〈福建省近代教育的奠基人——陳寶琛教育思想探微〉，《福建師範大學學報》1996年第二期，頁122。

[12] 卜孝萱、唐文權（2011），《辛亥人物碑傳集》，北京：鳳凰出版社，頁615。

[13] 《福建師範學堂一覽宣統元年版》，轉引自庄明水（1996），〈福建省近代教育的奠基人——陳寶琛教育思想探微〉，《福建師範大學學報》1996年第二期，頁122。

教育改革，新制學堂師資重要性，但傳統書院與新制學堂所需師資不同，開設課程差異性很大，舊式儒學師資無法替補上。因此，興辦新制學堂培養新式教師爲其迫切需要，爲此福州仕紳林紓、陳寶琛他們積極創建師範學堂，建構完善師資培育制度，培養出一批批專業水準高之師資陣容。而後福州新制教育能推展成功，他們建構完善師資培育制度爲重要關鍵。正如陳寶琛所說：「師資根基在於師範。」[14]

柒、開風氣之先，宣揚智慧財產權

早在宣統二年（1910），中國歷史上第一部著作權法「大清著作權律」頒布之前，嚴復即要求出版商付給他著作版費。嚴復他有強烈的智慧財產權保護觀念，開版權保護風氣之先河。從出版《群學肄言》開始，他即在譯著上貼上自己設計的版權印花。截至目前的資料可知，嚴復的這種「版權印花」爲近代中國首創。根據約定，出版商應將印刷數量通知嚴復，由他加貼印花上市，然後根據印花數提取版稅。未經嚴復同意，沒有黏貼印花的書不許銷售。[15]嚴復一再呼籲應該尊重和保護作者的版權，並主張政府實行版權制度。這說明知識分子在出版過程中，逐漸意識到版權保護的重要性，把保護版權提到法制的日程上來。從嚴復自覺保護自己的版權到最終政府開始實行法律

---

14 《福建師範學堂一覽宣統元年版》，轉引自庄明水（1996），〈福建省近代教育的奠基人──陳寶琛教育思想探微〉，《福建師範大學學報》1996年第二期，頁122。

15 皮厚鋒（2003），《嚴復大傳》，福建：福建人民出版社，頁142-323。

保護著作者的版權，說明了作為媒介人的傳統知識分子自覺規範著出版業的發展。[16]而嚴復正是中國智慧財產權觀念首要建構者。

　　總而言之，福州地區新制教育改革成功，不可諱言，福州仕紳功不可沒，尤甚是林紓、嚴復、陳寶琛三位仕紳。他們努力在對中國社會制度改革及文學貢獻良多外，在興辦新制學堂上，經費支援、師資制度建構與學校經營管理建立，占有絕對重要之角色。民貧國窮之中國，進而完成中國新制學堂教育制度化、永續化；更由於在仕紳他們努力下，使得中國新制教育革新有其不錯發展。

第二節　後續研究之建議

　　據查有關清末仕紳研究文獻很少，從國家圖書館館藏目錄查詢系統搜尋，計得二十四筆資料，以行政管理學角度撰寫者只有一筆。可見歷年來研究仕紳之國內學者，並不多見。

　　美國漢學家費正清（John K. Fairbank）曾謂中國乃「仕紳之國」，[17]仕紳深深地影響著中國這個國家，對中國傳統社會發展歷程占有關鍵重要性。清末中國列強侵入，人民覺醒，劇烈變動，在此變

---

[16] 惠萍（2010），〈近代出版業與傳統知識份子的雙向建構—— 以嚴復為例〉，《編輯之友史料月刊》2010年第一期，河南大學新聞與傳播學院，頁102。

[17] 張仲禮（1991），《中國紳士—— 關於其在十九世紀中國社會中作用的研究》，上海：上海社會科學院出版社，頁61。

局時代，仕紳更有其一定決定性角色。有關後續研究之建議如下：

一、本文以清末福州仕紳推動新制教育的角色分析，爾後之研究者可針對其他地區的仕紳進行類似之探討。

二、由於本文在研究之時，深感資料欠缺與淹沒，往往缺乏資料之佐證，令人扼腕。未來對此議題有興趣之研究者，宜進行資料的蒐集與整理，以免相關資料更為散失。

三、近代史資料浩如煙海，建議可將與清末仕紳相關研究的資料數位化，以利於後世研究者閱讀與研究。

參考文獻

一、書籍

中文部分

1. G. H. Mead著，李永久譯（1972），《社會學精華》（*Sociology*），台北：帕米爾書局。

2. Heinz Eulau著，陳少廷譯（1985），《政治行為論》（*Behavioralism in Political Science*）六版，台北：商務出版社。

3. Jonathan H. Turner著，張軍玫譯（2000），《社會學：概念與應用》（*Sociology: Cocepts and Uses*）四版，台北：巨流圖書公司。

4. 卜孝萱、唐文權（2011），《辛亥人物碑傳集》，北京：鳳凰出版社。

5. 丁日昌，《撫吳公牘卷十八》，「蘇藩司詳長元吳三縣經征六年分恤孤余乘應否面部提請示由」。

6. 呤唎（英）著，王維周譯（1985），《太平天國革命親歷記下冊》，上海：上海古籍出版社。

7. 王先明（1997），《近代紳士：一個封建階層的歷史命運》，天津：天津人民出版社。

8. 王孝繩（1901），《福州東文學堂三年報告匯編》。

9. 王栻（1982），《嚴復集（一）》，北京：中華書局。

10. 王蔭廷（1968），〈辦案要略〉，見張廷驤編，《入幕須知五種》，台北：文海出版社。

11. 王樹槐（1984），〈中國現代化的區域研究──江蘇省地區（1860-1916）〉，台北：中央研究院近代史研究所。

12. 王蘧常（1990），《嚴幾道年譜 —— 嚴復研究資料》，福建：海峽文藝出版社。

13. 民報報館：民報（2006），北京：中華書局，頁241。

14. 皮后鋒（2000），〈嚴復的教育生涯〉，《史學月刊》，南京：江蘇省社會科學院現代研究中心。

15. 皮后鋒（2003），《嚴復大傳》，福建：福建人民出版社。

16. 朱有瓛（1987），《中國近代學制史料第二輯》，上海：華東師範大學出版社。

17. 朱有瓛、高時良（1987），《中國近代學制史料》第四輯，上海：華東師範大學出版社。

18. 朱有瓛（1989），《中國近代學制史料第二輯下冊》，上海：華東師範大學出版社。

19. 江蘇蘇屬地方自治籌備處編（1911），《江蘇省自治公報》，台北：文海出版社。

20. 庄明水、檀仁梅（1990），《福建師範教育史》，福建：福建教育出版社。

21. 吳相湘（1971），〈天演宗哲學家嚴復〉，《民國百人傳第一冊》，台北：傳記文學出版社。

22. 吳晗（1991），〈再論紳權〉，見費孝通等著，《皇權與紳權》，上海：上海書店。

23. 吳晗（1991），〈論士大夫〉，見費孝通等著，《皇權與紳權》，上海：上海書店。

24. 吳晗、費孝通（1949）等著，《皇權與紳權》，上海：上海書店。

25. 呂坤（1872），《實政錄卷一弟子之職二》，同治十一年浙江書局重刊。

26. 李亦園（1997），《人類的視野》，上海：上海文藝出版社。

27. 李長貴（1974），《社會心理學》，台北：中華書局。

28. 李國祁（1982），〈中國現代化的區域研究──閩浙台地區（1860-1916）〉，台北：中央研究院近代史研究所。

29. 李繼平（2008），〈我國保安警察體制之研究：結構功能分析〉，私立中國文化大學政治研究所碩士論文。

30. 沈雲龍主編（1930），〈黑太子南征錄‧春覺齋著述記卷三〉，《民國叢書第四編》，上海：上海書店。

31. 汪征魯、方寶川、鄭金添、游小波（2007），《福建師範大學校史上編》，北京：中國大百科全書出版社。

32. 魯迅（1973），《魯迅全集（四）》，北京：人民文學出版社。

33. 汪康年（1986），《師友札第二冊》，上海：上海古籍出版社。

34. 周作人（1920），〈點滴序〉，《新潮社叢書：點滴》，北京：北京大學出版社。

35. 周作人（1933），〈我學國文經驗〉，《知堂文集》，上海：上海天馬書店。

36. 周邦道（1981），《近代教育先進傳略》，台北：中國文化大學出版部。

37. 林紓（1916），〈先大母陳太孺人事略〉，《畏廬續集》，北京：商務印書館。

38. 林紓（1924），〈石顛山人傳〉，見《畏廬文集》。

39. 林紓（1916），〈示兒書〉，見《畏廬續集》。

40. 林紓（1916），〈告王薇庵文〉，見《畏廬文集》。

41. 林紓（1924），〈述險〉，見《畏廬文集》。

42. 林紓（1916），〈與陳滄趣〉，見福建省立圖書館藏《畏廬尺牘》

手抄本，轉引自張俊才（2007），《林紓評傳》，北京：中華書局。

43. 林紓（1916），〈與魏季堵太守書〉，見《畏廬文集》。

44. 林紓（1916），〈西湖詩序〉，見《畏廬文集》。

45. 林揚傑（1989），〈我國中央政府人士人員角色與功能研究〉，私立中國文化大學政治研究所碩士論文，頁31-32。

46. 林慶元（2001），《福建近代經濟史》，福建：福建教育出版社。

47. 林薇（1990），《百年沉浮林紓研究綜述》，天津：天津教育出版社。

48. 金城修（1970），〈陳奮等纂〉，《新昌縣志卷五》，台北：成文出版社。

49. 阿英（1980），《晚清小說史》，北京：人民文學出版社。

50. 阿部洋（1975），〈清末毀學暴動〉，見多賀秋五郎編，《近代教育史研究下》，東京：岩崎學術出版社。

51. 南皖宣城客民毀學，原載《盛京時報》，1908年9月15日，轉引自阿部洋（1975），〈清末毀學暴動〉，見多賀秋五朗編，《近代教育史研究下》，東京：岩崎學術出版社。

52. 奏定學堂章程（1903），奏定蒙養院章程及家庭教育法章程，光緒二十九年十一月二十六日頒布。

53. 胡幼慧主編（1996），〈轉型中的質性研究〉，《質性研究：理論、方法及本土女性研究實例》，台北：巨流圖書公司。

54. 胡湲青（1985），〈角色理論一個實證研究 —— 以基督教台北真靈教會神醫角色為例〉，國立台灣大學社會學研究所碩士論文。

55. 胡慶鈞（1991），〈論紳權〉，見費孝通等著，《皇權與紳權》，上海：上海書店。

56. 胡適（1924），〈五十年來中國之文學〉，《胡適文存二集卷二》，上海：東亞圖書館。

57. 胡林翼（1888），《胡文忠公遺集卷八十六》，上海：著易堂鉛印本。

58. 福建省地方志編委會（1998），〈福建省志教育志第八章師範教育〉，《師範教育》，福建：方志出版社。

59. 馬克思韋伯著，洪天富譯（1997），《儒教與道德》，江蘇：江蘇人民出版社。

60. 徐中約（2002），《中國近代史上冊》，香港：中文大學出版社。

61. 徐茂明（2004），《江南仕紳與江南社會（1368-1911年）》，北京：商務印書館。

62. 素爾訥（1997），《欽定學政全書》，上海：上海古籍出版社。

63. 高全喜（2012），《立憲時刻：論清帝遜位詔書》，台北：秀威出版社。

64. 張仲禮（1991），《中國紳士──關於其在十九世紀中國社會中作用的研究》，上海：上海社會科學院出版社。

65. 張旭、李述昇、任界編著（2017），《陳寶琛年譜》，福建：福建人民出版社。

66. 張金鑑（1981），《中國史治制度史概要》，台北：三民書局。

67. 張俊才（1990），《林紓評傳》，北京：中華書局。

68. 張俊才（2007），《林紓評傳》，北京：中華書局。

69. 張彬（1996），《從浙江看中國教育近代化》，廣州：廣東教育出版社。

70. 張集馨（1981），《道咸宦海見聞錄》，北京：中華書局。

71. 梁啓超（1998），《清代學術概論》，上海：上海古籍出版社。

72. 梁啟超（2013），《李鴻章傳》，湖北：武漢出版社。

73. 莫理斯・迪韋爾熱著（Maurice Duverger），楊祖功、王大東譯（1987），《政治社會學 —— 政治學要素》，北京：華夏出版社。

74. 許紀霖（1997），《尋求意義 —— 現代化變遷與文化批判》，上海：三聯書店。

75. 郭為藩（1971），〈角色理論在教育學上之意義〉，《師大教研所集刊第十三集》，台北：國立台灣師範大學教育學系。

76. 郭嵩燾（1984），《倫敦與巴黎日記》，長沙：岳麓書社。

77. 陳三立（1985），〈贈太師陳文忠公墓誌銘〉，《清朝碑傳全集第五冊》，京都：日本中文出版社。

78. 陳立鷗（陳寶琛子）、張允僑（1997），《閩縣陳公寶琛年譜》，福州陳寶琛後人出資出版。

79. 陳立鷗、張子美（1997），《閩縣陳公寶琛年譜》家印本，陳立鷗印行本。

80. 陳庚金（1982），《人群關係與管理》，台北：五南圖書。

81. 陳訓正等纂（1924），《定海縣志第二冊》，出版地不祥，旅滬同鄉會出版。

82. 陳景磐（1983），《中國近代教育史》，北京：人民教育出版社。

83. 陳寶琛（2006），《滄趣樓文存（下卷）》，上海：上海古籍出版社。

84. 陳寶琛（2006），《滄趣樓文存（上卷）》，上海：上海古籍出版社。

85. 陳寶琛（2006），《滄趣樓奏議（下卷）》，上海：上海古籍出版社。

86. 陶煦編，《周庄鎮志卷二》，惜字局光緒八年版。

87. 賀麟（1982），〈嚴復的翻譯〉，見王栻、王佐良著，《論嚴復與嚴譯名著》，北京：商務印書館。

88. 曾華源（1980），〈台灣地區社會工作員在社區工作中角色期望之研究〉，國立台灣大學社會研究所碩士論文。

89. 舒新城（1961），《中國近代教育史資料中冊》，北京：人民教育出版社。

90. 費孝通（1991），〈史靖——紳權的本質〉，見費孝通等著，《皇權與紳權》，上海：上海書店。

91. 賀躍夫（1994），《晚清仕紳與近代社會變遷——與日本士族比較》，廣州：廣東人民出版社。

92. 馮天瑜、何曉明、周積明（1996），《中華文化史》，上海：上海人民出版社。

93. 楊正典（1997），《嚴復評傳》，北京：中國社會科學出版社。

94. 溫州市政府編（1990），《孫詒讓遺文輯存》，浙江：浙江人民出版社。

95. 葉夢珠（1983），閱世編，《筆記小說大觀35編冊5》，台北：新興書局。

96. 福建省教育史志編纂委員會（1992），《福建教育史志資料集第八輯》，福建：方志出版社。

97. 福建教育總會（1910），〈上李制軍秦學使學處請提款學堂文〉，《福建教育總會一覽宣統二年版》，福建：福建省圖書館藏。

98. 福建教育總會（1910），《福建教育總會一覽宣統二年版》，福建：福建省圖書館藏。

99. 《福建師範學堂一覽宣統元年版》，福建：福建省圖書館藏。

100. 趙妮娜、陳翔合著（1988），《儒紳陳寶琛》，桂林：廣西師範大

學出版社。

101. 趙妮娜、陳翔合著（2014），《儒紳陳寶琛》，桂林：廣西師範大學出版社。

102. 趙爾巽等撰（1981），《清史稿》，台北：新文豐出版社。

103. 劉半農（1979），〈我的文學改良觀〉，《文學運動史料選第一冊》，上海：上海教育出版社。

104. 劉海峰、庄明水（1996），《福建教育史》，福建：福建教育出版社。

105. 劉雪娥（1996），〈研究導論〉，《事後回溯研究法》，台北：華杏出版社。

106. 歐陽哲生（2010），《嚴復評傳》，南昌：百花洲文藝出版社。

107. 蔣錫金（1983），〈關於林琴南〉，《江城》1983年第六期，轉引自張俊才（1990）《林紓評傳》，北京：中華書局。

108. 蔡文輝（1990），《功能理論：派森思》，台北：風雲論壇出版社。

109. 鄭振鐸（1924），〈林琴南先生〉，見錢鍾書著，《林紓的翻譯》，北京：商務印書館。

110. 鄭雅文（2007），《從康有為和嚴復看晚清思想之嬗變》，台北：萬卷樓出版社。

111. 錢鍾書（1981），《林紓的翻譯》，北京：商務印書館。

112. 檀仁梅、庄明水（1990），《福建師範教育史》，福建：福建教育出版社。

113. 薛菁、翁偉志、何連海（2013），《閩都教育史》，北京：北京大學出版社。

114. 韓洪舉（2005），《林譯小說研究——兼論林紓自撰小說與傳

奇》，北京：中國社會科學出版社。

115. 織田萬撰（1979），《清國行政法汎論第五編》，台北：華世出版社。

116. 嚴復（1893），〈天演論譯例言〉，見王栻，《嚴復集（五）》，北京：中華書局。

117. 嚴復（1918），〈海軍大事記弁言〉，見王栻，《嚴復集（二）》，北京：中華書局。

118. 嚴復（1986），〈為周養庵題籌燈紡織圖〉，見王栻，《嚴復集（二）》，北京：中華書局。

119. 蘇雲峯（1982），〈中國現代化的區域研究──湖北省（1860-1916）〉，台北：中央研究院近代史研究所。

120. 顧炎武著，黃汝成集釋（1994），《日知錄集》，長沙：岳麓書社。

英文部分

1. Chang, Chung-li (1955), *The Chinese Gentry: Studies on Their Role in Nineteenth Century Chinese Society*, Seattle: University of Washington Press.

2. Chang, Chung-li (1962), *The Income of the Chinese Gentry: A Sequel to The Chinese Gentry: Studies on Their Role in Nineteenth Century Chinese Society*, Seattle: University of Washington Press.

3. Wayne L. Francis (1966), "The Role Concept in Legislatures: A Probability Model and Anote on Cognitive Structure," in H. Eulan, *Political Behavior in America: New Directions*, New York: Random House.

4. Chow, Yung-The (1966), *Social Mobility in China: Research on Gentry Identify in a Traditional Chinese Community*, New York: Atherton Press.

5. Ho, Ping-ti (1962), *The Ladder of Success in Imperial China: Aspects of Social Mobility, 1368-1911*, New York: Columbia University Press.

6. Alan C. Isaak (1981), *Scope and Methods of Political Science*, Illinois: The Dorsey Press.

7. George Herbert Mead (1934), *Mind'Self and Society*, Chicage: University of Chicago Press.

8. Morton Deutsch and Robert M. Krauss (1985), *Theories in Social Psychology*, New York: Basic Books.

9. Paul F. Secord and C. W. Backman, *Social Psychology*, New York: Mcgraw-Hill inc.

10. Prasenjit Duara (1988), *Culture Power and the State-Rural North China 1900-1942*, Redwood City: Stanford University Press.

二、期刊

1. 庄明水（1996），〈福建省近代教育的奠基人──陳寶琛教育思想探微〉，《福建師範大學學報》1996年第二期。

2. 姚建平、龔連英（2010），〈中西文化融合背景下林紓對中國傳統文化的反思〉，《宜春學院學報》第五期。

3. 張帆（2001），〈論陳寶琛近代新式教育實踐〉，《福建師範大學學報》2001年第二期。

4. 陳虹（2012），〈高校圖書館林紓文化特藏資源概況與展望──以福建工程學院爲例〉，《長春師範學院學報》第三十一卷第三期。

5. 惠萍（2010），〈近代出版業與傳統知識分子的雙向建構——以嚴復爲例〉，《編輯之友史料月刊》2010年第一期，河南大學新聞與傳播學院。

6. 曾錦漳（1966），〈林譯小說研究（上）〉，《新亞學報》第七卷第二期。

7. 葉玲、唐述宗（2008），〈以目的論角度解析嚴復和林紓翻譯策略〉，《西北農林科技大學學報》第八卷第三期。

8. 蔡登山（2008），〈林紓的口譯者之一：魏易——另眼看作家之十七〉，《全國新書資訊月刊》民國九十七年十一月號。

9. 蘇建新（2013），〈林紓在閩中的教育實踐及其拓展〉，《江西科技師範大學學報》2013年第一期。

10. 李華龍（2008），〈林紓其人其文其畫〉，《中國文物報》，2008年4月2日。

11. 周領順（2006），〈新史料求證嚴復的翻譯思想〉，《四川外語學院學報》第二十二卷第三期。

12. 《東方雜誌》光緒三十一年第六期。

13. 〈學部奏派調查直隸學務員報告書〉，《東方雜誌》光緒三十三年第十一期。

三、電子媒體

1. 水利部長江水利委員會，〈長江文化，第五章千古風流道人傑；第三節清代書院大師〉，http://www.cjw.com.cn/ index/Civilization/detail/20040329/11279.asp，2004年4月16日閱覽。

2. 林紓，〈閩中新樂府「興女學」〉，https://zh.wikisource.org/wiki/%E9%96%A9%E4%B8%AD%E6%96%B0%E6%A8%82%E5%BA%

9C，2020年5月9日閱覽。

3. 張秀平、王曉明，〈影響中國的100次事件5之八九——清末新政〉，http://www.jl.cninfo.net/relax/ wenxue/zhengzhi/ev ents/091.htm，2004年3月26日閱覽。

4. 維基文庫，自由的圖書館，《漢書卷二十四上》，〈食貨志第四〉，https://zh.m.wikisource.org/zh-hant/%E6%BC%A2%E6%9B%B8/%E5%8D%B7024%E4%B8%8A，2020年6月29日閱覽。

5. 鄭振鐸（1924），〈林琴南先生〉，《小說月報》第十五卷十一號，1924年11月，https://zh.wikisource.org/zh-hant/%E6%9E%97%E7%90%B4%E5%8D%97%E5%85%88%E7%94%9F，2020年5月12日閱覽。

6. 薛玉琴、劉正偉，〈清末地方自治與近代義務教育的興起〉，江蘇省淮陰師範學院歷史與社會學系，http://www.pep.com.cn/200301/ca135575.htm，2020年5月30日閱覽。

7. 嚴復（1893），〈譯例言〉，《天演論卷一天演論（上）》，https://zh.wikisource.org/wiki/%E5%A4%A9%E6%BC%94%E8%AB%96，2018年12月21日閱覽。

8. 《嚴復集》，中國哲學書電子化計畫，https://ctext.org/wiki.pl?if=gb&res=683630，2020年5月22日閱覽。

跋

　　在中國傳統社會階層，就清代而論仕紳乃指透過科舉或捐納途徑，取得功名、學品、學銜、官職者，無論出仕或未出仕，皆屬之。仕紳在傳統社會階層居於引導且有「改變」社會發展方向之地位。亦即，中國歷代官吏除以官吏本身身分從事政治統治權之外，在其退職之後，雖沒有官職之權力，卻可以就其個人在社會地位與聲望，為政府政令推動與協助。

　　行政則指涉公共事務的推動與完成。公共事務的推動與完成，至少包括了行政程序與行政內涵兩部分。行政內涵為實質之公共事務內容，例如農業、教育、修橋鋪路、社會救助等；行政程序則為公共事務推動的一連串程序安排，例如規劃、執行、評估等過程。

　　就紳治主義之解釋，在張金鑑教授所著《在中國吏治制度史概要》寫道：「第一就是在我國魏晉南北朝中期所實行『九品中正制』造成所謂『上品無寒門，下品無士族』。所以可以說行九品官人之法，導致門閥士族壟斷仕途，隋唐之後雖改為科舉制度，改善魏晉以來仕途為豪富鉅宗所獨占之局面，但當時我國教育率並未普及，教育為一般少數人所擁有，也因此在當時知識分子為一般人所尊重，當然更對社會具有影響力與領導力。在歷代官吏選拔，每注意及地區分配，故官吏為君主之臣僕之外，實質上有代表地方之作用，更有一些若干民主政治之氣氛，也由於有這一些地方鉅紳之參政，中國二千年之專政政體方能維持。第二是仕紳在中國傳統社會在一般中國人民心

中具有特別崇高地位，而在民間更有崇高之地位與領導力量。」也由
於我國仕紳在社會具有領導之地位，又由於退職官吏均為各地鉅紳，
於政令推行能為有效之左右。在清末自中英鴉片戰爭中英南京條約之
後，國勢衰敗，在列強多次侵略下，普遍有推動改革風氣漸起，但清
末政府是一種不願革新之心態面對。換言之，在當時社會生態是民間
極力想革新、想學習西方先進事務，但統治階層卻不願意因為改革而
失去原有政治利益。地方變革與政治改革，新制學堂設立與經營地方
仕紳參與具有最大影響力。於此以上所述，均足為中國地方公共事務
紳治化之有力論據。

　　本書重要的研究發現歸納，如以下七點：

一、清末福州三紳善盡仕紳的責任，改變破敗社會。

二、清末福州三紳強化愛國意識穩定社會。

三、清末福州三紳培養改革所需專業人才。

四、清末福州仕紳譯作，擴大國人視野，改革文學。

五、籌辦新制學堂，經費籌措最為惱人。

六、新制教育成功，健全師資尤為重要。

七、開風氣之先，宣揚智慧財產權。

　　本書以角色理論為研究架構，探討清末福州地區三位仕紳──嚴
復、林紓與陳寶琛在推動新制教育上之角色認知、角色期望、角色履
行與角色功能。

　　角色認知乃福州三紳對其仕紳行為表現之內在要求，這是角色扮
演的主觀面向。角色期望乃外界，包括官府、民眾等對於福州三紳的

外在行爲期盼，這是角色扮演的客觀面向。角色履行乃福州三紳在承受主觀行爲認知與客觀行爲期望後，盱衡實際情勢所做的實際行爲表現。角色功能乃角色履行後對社會所產生的影響，亦即角色所產生的作用。

　　本書是以我的博士論文爲基礎寫成，感謝尊師顧慕晴教授暨林忠山教授爲此勞心付出無限幫助。回首二十年光陰歲月裡，沒有他們的教誨鼓勵與關懷，也許難以踏進荊棘叢生的制度史學之路。一本書的完成定受許多好友幫助，謹此向他們致以誠摯謝忱。最後再次感激我已逝先母、年邁慈父以及家妹，讓我順利完成本書撰寫。

王立毅

民國一一二年十一月於台灣宜蘭

國家圖書館出版品預行編目(CIP)資料

清末福州仕紳推動新制教育：角色理論之分
析／王立毅著. -- 初版. -- 臺北市：五
南圖書出版股份有限公司, 2024.07
面； 公分
ISBN 978-626-393-274-6(平裝)

1.CST: 士紳　2.CST: 知識分子
3.CST: 教育　4.CST: 清代

546.1135　　　　　　　　113005168

4P99

清末福州仕紳推動新制教育：角色理論之分析

作　　　者 ― 王立毅 (9.5)

企劃主編 ― 劉靜芬

責任編輯 ― 呂伊真

文字校對 ― 許珍珍

封面設計 ― 封怡彤

出 版 者 ― 五南圖書出版股份有限公司

發 行 人 ― 楊榮川

總 經 理 ― 楊士清

總 編 輯 ― 楊秀麗

地　　　址：106台北市大安區和平東路二段339號4樓

電　　　話：(02)2705-5066

網　　　址：https://www.wunan.com.tw

電子郵件：wunan@wunan.com.tw

劃撥帳號：01068953

戶　　　名：五南圖書出版股份有限公司

法律顧問　林勝安律師

出版日期　2024年7月初版一刷

定　　　價　新臺幣400元